Jean Jaurès

et la

Défense Nationale

Discours sur la loi de 3 ans

prononcé à la Chambre des Députés par Jean Jaurès

les 17 et 18 Juin 1913.

DEUXIÈME ÉDITION — onzième mille, 1913

PRIX : 1 franc.

JEAN JAURÈS ET LA DÉFENSE NATIONALE — PRIX : 1 franc

Jean Jaurès

et la

Défense Nationale

Discours sur la loi de 3 ans
prononcé à la Chambre des Députés par Jean Jaurès
les 17 et 18 Juin 1913.

DEUXIÈME ÉDITION — Centième mille, 1917

PRIX : 1 franc.

EN VENTE A **l'Humanité**
142, Rue Montmartre
PARIS

DON
2209.6

Cette brochure est la réédition sténographique du discours prononcé par Jean Jaurès les 17 et 18 Juin 1913, à l'occasion des discussions sur la loi de 3 ans.

C'est un devoir pour les socialistes, c'est un hommage rendu à la mémoire de Jean Jaurès, tombé sous la balle imbécile d'un fanatique, que de redonner aux paroles du grand socialiste la vertu d'une publication nouvelle.

Les événements ont montré qu'une armée de caserne n'aurait pas suffi pour défendre la France dans la terrible tourmente que devait être la guerre européenne.

Mais ce n'est pas seulement à cette prévision générale que s'appliquait l'intelligente prévoyance de Jean Jaurès, c'est encore dans les détails de la Défense Nationale que s'est marquée sa géniale clairvoyance.

Depuis le passage par la Belgique jusqu'à la formidable attaque allemande par masses, rien de la réalité militaire d'aujourd'hui n'avait échappé à l'esprit de Jaurès. Il n'est pas même jusqu'aux derniers événements de Russie qui n'apportent une singulière illustration aux craintes qu'il formulait, puisqu'ils éclairent tout ce qu'il y avait dès ce moment de trouble dans la politique militaire tsariste.

*Mais à quoi bon commenter? Qu'on relise ces pages qui sont comme un raccourci de l'*Armée Nouvelle, *appliqué aux circonstances d'alors. Elles donneront à* *tous le sentiment que si les avis qu'elles contiennent avaient été suivis, nous n'aurions pas vu les masses allemandes menacer jusqu'au cœur de la France, en s'approchant de sa capitale. La nation armée, dressée dans toute son intensité, dans toute sa force numérique, préparée à l'effort défensif total eût pu nous épargner du moins l'invasion si étendue de notre territoire.*

Que l'enseignement des faits serve pour l'avenir

Discours du Citoyen Jean Jaurès

17 et 18 Juin 1913

MESSIEURS,

Que la Commission et le Gouvernement le veuillent ou non, le projet qu'ils soumettent à la Chambre, en accroissant la durée du service de caserne, rend plus difficile à tous les points de vue, au point de vue financier, au point de vue militaire, au point de vue social, la grande organisation militaire que réclame le pays républicain, la préparation et l'éducation physique de la jeunesse, l'éducation, l'entraînement, l'encadrement des réserves et, par cela seul que ce projet ferme à l'institution militaire en mouvement les routes de l'avenir, il la refoule nécessairement vers les formes du passé, vers le type suranné de l'armée de métier. (*Très bien! très bien! à l'extrême gauche.*) A ce projet j'oppose maintenant un ensemble de dispositions qui, prenant pour point d'appui immédiat et pour point de départ la loi de deux ans, y réduit progressivement la part du passé et y développe les germes de l'avenir.

Ce projet prévoit en effet une réduction prudente et graduelle de la durée du temps de caserne à mesure que se développeront, au profit de la force française, l'éducation de la jeunesse et l'organisation des réserves.

Notre projet, messieurs, est d'accroître la puissance défensive de la France. Plus nous voulons qu'elle porte haut son idéal, son action sociale et humaine, plus nous voulons qu'elle puisse mettre toute sa force au service de cet idéal en pleine sécurité et en pleine indépendance. J'ai déjà, à la Commission de l'armée, empiétant un peu sur un des domaines de M. Charles Benoist (*Sourires*), cité le mot de Machiavel : « L'histoire se rit des prophètes désarmés ». Nous qui voulons précisément que la France ait dans le monde une grande mission historique et morale, nous qui, maintenant l'affirmation du droit, voulons répudier à jamais toute politique d'aventure et de revanche (*Très bien! très bien! à l'extrême gauche*), nous qui voulons préparer par la paix définitive et garantir une civilisation supérieure où la force partout présente de la démocratie et de la liberté, réparera les antiques violences, nous voulons que nul ne puisse imputer cette offre magnanime de paix à la débilité peureuse d'un peuple mal assuré de lui-même. (*Applaudissements à l'extrême gauche.*)

Et non seulement nous voulons porter au maximum la force défensive, la force d'indépendance de ce pays, mais nous voulons l'organiser pour la défense en prévoyant les pires hypothèses, c'est-à-dire en prévoyant le cas où la France aurait à se défendre toute seule, sans secours extérieur et sans alliance contre ses ennemis éventuels. Ce n'est pas que nous fassions fi des concours que la France, par l'habileté et la sagesse de sa diplomatie, pourrait s'acquérir dans le monde, mais nous pensons qu'un peuple, quand il calcule les chances de l'avenir et l'effort nécessaire d'indépendance et de salut, ne doit compter que sur sa force. (*Applaudissements.*)

M. Louis BARTHOU, *Président du Conseil, Ministre de l'Instruction Publique et des Beaux-Arts.* — Très bien!

JAURÈS. — Et voilà pourquoi j'ai le droit d'abord — permettez-moi de le dire — de trouver un peu enfantines quelques-unes des railleries qu'on nous adresse à propos des socialistes allemands.

On nous a dit: « Quoi! Vous comptez sur eux pour garantir la France contre les agressions et contre les aventures. Quelle chimère! Même s'ils le voulaient, même s'ils n'étaient pas au fond plus patriotes que vous, ils ne le pourraient pas! »

Eh bien, messieurs, non! Nous ne nous en remettons pas à la vigilance des socialistes allemands du soin de garantir la France. Certes, nous sommes fiers de l'effort courageux et persévérant de nos camarades contre les militaristes d'outre-Rhin, contre l'esprit chauvin, contre toutes les pensées d'impérialisme et d'agression, nous savons qu'ils luttent dans les conditions particulièrement difficiles que leur fait le régime de l'Empire. (*Vifs applaudissements à l'extrême gauche*), et nous avons le droit, après l'événement, de sourire de ceux qui nous disaient qu'ils n'opposeraient aux armements, à la politique chauvine, qu'une opposition de simulacre.

Voilà des années, voilà des générations qu'ils ont lutté contre les violences militaires de l'Empire! Ils ont été persécutés; ils ont été accablés d'années de prison et d'anathèmes. Ils n'ont pas fléchi. (*Nouveaux applaudissements sur les mêmes bancs*). Et dans la lutte qui est engagée à l'heure actuelle, ils auront, du moins, donné au peuple allemand, qu'on voulait entraîner dans la politique des armements, par la pratique des « hourras », ils lui auront donné du moins le temps de réfléchir, de sentir la pesanteur du fardeau, et ils auront ainsi accumulé les obstacles devant les imprudences nouvelles. (*Nouveaux applaudissements à l'extrême gauche.*)

Messieurs, à l'heure où on les accusait de je ne sais quelles complaisances, ils ont fait éclater sur le militarisme d'outre-Rhin, sur sa connivence avec les entreprises industrielles suspectes, le coup de foudre d'un scandale, qui a éclairé jusqu'au fond l'abîme de la corruption militariste. (*Applaudissements à l'extrême gauche.*)

Nous avons le droit de leur rendre cet hommage et nous avons le droit de dire après tout que l'organisation de 4 millions de citoyens allemands parmi les plus fiers, parmi les plus éduqués, n'est pas sans action sur les destinées du monde. Le pouvoir le plus absolu est obligé de réfléchir avant de se jeter dans les aventures, quand il sait qu'il y a là 4 millions de consciences groupées qui protestent contre la politique de provocation. (*Très bien! très bien! à l'extrême gauche.*)

Encore une fois, pendant qu'ils font leur œuvre comme nous faisons la nôtre, nous ne disons pas à la France : Endors-toi; il y a là une digue, une barrière qui te protègera.

Ce n'est pas nous qui faisons jouer ce rôle aux socialistes allemands, ce sont précisément nos contradicteurs.

Ah! messieurs, quelle singulière campagne on mène contre nous!

L'*Echo de Paris* a été le stratège le plus subtil de la loi de trois ans. Dans ses correspondances quotidiennes de Berlin, il a savamment dosé chaque jour les moyens de polémique. Tantôt il dit à la France:

« Les socialistes allemands, ce sont au fond des impérialistes, ils sont Allemands dans les moëlles ».

Et l'*Echo de Paris* souhaite à la France d'avoir en ses socialistes des patriotes aussi fervents que ceux que l'Allemagne groupe autour d'elle.

Puis, avec une brusque subtilité, l'*Écho de Paris*, qui veut rassurer la France sur la durée des sacrifices que va lui imposer la loi de trois ans, dit à la France : « Vous n'aurez pas longtemps à attendre. L'Allemagne est menacée d'une crise profonde par le travail intérieur des ennemis qu'elle porte dans ses flancs, des socialistes révolutionnaires de l'Allemagne ». Et, il y a quelques mois, l'*Écho de Paris* disait: « Nos chances, dans une guerre prochaine, seront bien meilleures qu'en 1870. Nous sommes malgré tout mieux préparés. »

« Et.... — ajoutait l'*Écho de Paris* — « ...en 1870, il n'y avait que deux socialistes au Parlement de l'Allemagne du Nord. Maintenant il y en a soixante-quinze ».

Et l'*Écho de Paris*, après avoir dénoncé notre antipatriotisme, après nous avoir proposé en modèle les patriotes socialistes d'Allemagne, les donne comme une cause de défaite pour l'Allemagne dans la guerre prochaine. (*Applaudissements à l'extrême gauche.*)

Messieurs, vous allez voir, par une citation textuelle, que ce n'est pas un accident de plume ou de pensée, c'est une tactique persévérante. Dans sa correspondance de Berlin du 12 mars — écoutez, messieurs, l'*Écho de Paris* dit ceci pour vous rassurer, pour que vous votiez la loi de trois ans :

C'est un dur régime, mais qui ne durera pas. Il viendra un temps, et qui n'est peut-être pas très lointain, où notre Afrique entrant en jeu en même temps que deux cents députés des grandes villes allemandes, nous serons assez forts pour proposer aux Allemands, sans humiliation et sans crainte, une réduction simultanée des armements.

Ainsi, l'*Écho de Paris* compte pour l'avenir de la France sur une conjonction, sur une combinaison militaire et politique des troupes noires d'Afrique et des troupes rouges de l'Allemagne. (*Applaudissements et rires à l'extrême gauche.*)

Ce n'est donc pas nous qui faisons jouer aux socialistes d'Allemagne ce rôle et je proteste en leur nom. Ils ne seront pas plus un principe de faiblesse pour l'Allemagne, le jour où ils auraient à défendre son indépendance, que nous, socialistes français, nous serions un principe de faiblesse pour la France le jour où, sans provocation et sans aventure, elle défendrait sa liberté et son droit. (*Vifs applaudissements à l'extrême gauche et sur divers bancs à gauche.*)

L'Alliance et la Mobilisation russes

Et maintenant, quelque fond que vous fassiez sur l'alliance russe, quelque confiance que vous ayez pu mettre en elle, je dis aussi que nous devons organiser nos forces dans l'hypothèse où le concours de la Russie, — son concours militaire, — nous ferait défaut.

Edouard VAILLANT. — C'est probable.

JAURÈS. — Messieurs, sur la politique russe, sur ses desseins envers nous, — je l'avoue franchement, — malgré l'étude consciencieuse à laquelle j'essaie de me livrer jour par jour de la politique internationale, il m'est difficile de m'expliquer. Je n'arrive pas à définir pour moi-même la politique russe, ou si vous voulez, les politiques russes, car je crois qu'il y en a plusieurs à la fois. (*Très bien! très bien! à l'extrême gauche.*) Je n'y arrive pas et, sur les événements militaires russes qui peuvent nous intéresser le plus immédiatement, je ne parviens pas à me former une idée certaine.

Quel a été le sens, quelle a été l'origine et quel est l'objet de la mesure par laquelle la Russie a retiré une grande partie de ses forces de la Pologne russe?

Les uns disent qu'elle a voulu par là mieux assurer sa concentration et sa mobilisation, que ses forces jetées dans la Pologne russe, pouvaient être prises entre l'Allemagne et l'Autriche, que d'ailleurs elles étaient loin de leurs réserves, et on loue la Russie d'avoir ramené ses forces en arrière pour qu'elles puissent plus aisément recevoir leurs réservistes. Prenez au moins en ce point exemple de la Russie en ce qui concerne l'utilisation des réserves. M. Reinach, dans sa lettre au *Temps*, a ainsi interprété le mouvement de la force russe et le rapporteur allemand de la loi nouvelle, M. Erzberger, a dit aussi au Reichstag: on ne s'y trompe pas en France et c'est une mesure par laquelle la Russie a fortifié sa mobilisation.

D'autre part, voici ce qu'écrit un homme que nous avons l'occasion de citer souvent. C'est un homme qui, au point de vue de la politique générale militaire et des conclusions sur la loi de trois ans, est à un pôle opposé au nôtre. Mais il se trouve pour nous, messieurs, par une bonne fortune singulière, que toutes les fois que ce technicien parle en technicien des choses qu'il sait le mieux, des choses de frontières, nous n'avons qu'à recueillir et à lire son témoignage pour que nos conclusions à nous en découlent invinciblement.

Eh bien, voici ce que dit le général Maitrot sur ce retrait des troupes russes de Pologne.

C'est en 1894 qu'après des études faites en commun par les deux états-majors fut signée entre la France et la Russie une convention militaire. Mais ce n'est qu'en 1897, au cours du voyage du président Félix Faure en Russie, que fut prononcé le mot alliance.

Quel est le caractère de cette alliance ?... Quoi qu'il en soit, dès la convention militaire signée, des troupes russes furent acheminées vers la frontière allemande, en particulier dans le duché de Varsovie et, leur nombre augmentant sans cesse, vint un moment où la moitié de l'armée du temps de paix fut rassemblée en face des frontières de l'Autriche et de l'Allemagne. Rien qu'en Pologne, ou plus exactement entre Vilna et Varsovie, se trouvaient 11 divisions d'infanterie et 8 de cavalerie, la valeur de plus de 6 corps d'armée à effectifs renforcés.

C'était une menace perpétuelle pour l'Allemagne. En même temps Biélostock, Grodna, Varsovie, devenaient de véritables camps retranchés.

Les choses restèrent à peu près en l'état jusqu'à l'accord de Postdam en novembre 1910, signé entre le tsar et le kaiser, par lequel l'Allemagne donnait carte blanche à la Russie en Perse moyennant certaines réciprocités et certains avantages, et à la suite duquel la Russie retira définitivement les troupes qui occupaient la Pologne.

En somme, ces troupes ont été reculées de plusieurs centaines de kilomètres et telles, qui étaient à moins d'un jour de marche de la frontière allemande, sont maintenant dans le gouvernement de Perm, au pied des monts Ourals.

Le Gouvernement français s'est donc laissé surprendre. Il a essayé de pallier sa faute en faisant dire que ce recul des troupes russes de Pologne n'avait aucune importance, que par ce mouvement elles s'étaient rapprochées de leurs dépôts et de leurs circonscriptions de réserve et qu'en somme il en résultait du bien puisque leur mobilisation était devenue plus rapide.

Cet optimisme exagéré montre au moins ceci que le Gouvernement français regarde comme insondable la naïveté du peuple.

ÉDOUARD VAILLANT. — Très bien !

...La vérité, c'est que, depuis 1910, il y a une convention militaire entre l'Allemagne et la Russie, ce qui n'empêchera pas du reste celle-ci de rester fidèle à son alliance avec la France, étant donné que cette alliance est défensive.

Messieurs, voilà ce que dit, avec son autorité technique et — permettez-moi de l'ajouter avec l'assentiment de tous — avec son autorité morale, un homme comme le général Maitrot.

Or, après avoir lu le jugement porté par lui sur ce fait si grave et qui peut avoir pour la France des conséquences si étendues, je suis très frappé, messieurs, de trouver, dans les écrits du premier théoricien militaire actuel de l'Allemagne, du général de Bernhardi, dans l'édition de son livre de 1912, des pages où il montre que si la Russie maintenait, installait en Pologne et surtout dans la partie de la Pologne la plus voisine de la haute frontière allemande, si elle maintenait ces forces, elle pourrait, fût-elle menacée par l'Autriche, porter à l'Allemagne les coups les plus rapides et les plus redoutables.

Si la Chambre me permet, en un sujet aussi grave, de lui apporter des citations qui valent plus que nos propres paroles et surtout que les miennes en cette matière (*Lisez ! lisez !*), je lui donnerai lecture de ce passage important :

Si l'on se place au point de vue russe, la direction de l'attaque vers Berlin est assurément la plus décisive. Même si l'Autriche est l'alliée de l'Allemagne, des forces considérables peuvent être très rapidement rassemblées à la frontière allemande. Là aussi le point le plus vulnérable de la Russie, la ligne de marche offensive de l'Allemagne sur Pétersbourg et Moscou, est immédiatement couvert. Là prend de l'importance le moindre succès sur la frontière allemande.

Au contraire, au Sud-Ouest, les marais très étendus de Pridjé protègent les Russes contre l'armée autrichienne et offrent pour la défense des positions excellentes. La Russie peut, par suite, espérer avoir battu les armées allemandes avant que les armées autrichiennes puissent devenir dangereuses sur le vaste théâtre des opérations et si les armées russes ont pénétré victorieusement dans la Marche et dans la Silésie, elles peuvent largement attaquer l'Autriche de différents côtés.

Ainsi, messieurs, du témoignage technique du général Maitrot, des déclarations du premier technicien et théoricien militaire de l'Allemagne actuelle, il résulte que la présence en Pologne russe et surtout dans la partie nord de la Pologne russe, entre Varsovie et Vilna, de forces russes actives suffisantes, constituerait pour l'Allemagne la menace la plus grave.

Et alors, nous que l'on essaie de ramener à la loi de trois ans en nous disant qu'il faut que nous rachetions par un effort complémentaire et héroïque les lenteurs inévitables de la mobilisation russe, nous avons le droit, nous avons le devoir de demander au Gouvernement de la France qui, hier encore, nous parlait de combinaisons militaires, pour toutes les éventualités, entre la France et la Russie, comment il se fait que, de toutes les éventualités, il semble qu'on ait négligé de prévoir précisément celle qui nous intéresse le plus, une attaque brusquée qui paralyserait la concentration en Pologne russe des troupes russes. (*Applaudissements à l'extrême gauche et sur divers bancs à gauche.*)

J'ai d'autant plus le droit et le devoir de poser cette question que lorsque le ministre de la guerre, M. Etienne, est venu à la commission de l'armée et qu'il a donné les raisons pour lesquelles le Gouvernement français demandait brusquement à ce pays une troisième année de caserne, c'est par les périls résultant pour nous des lenteurs de la mobilisation russe que M. Etienne a justifié d'abord essentiellement le projet que vous discutez à cette heure.

Voici, d'après la sténographie de la commission, la déclaration de M. le Ministre de la guerre :

Si nous restions dans la situation où nous sommes, il serait très facile à l'Allemagne, étant données la lenteur de la mobilisation russe et l'obligation dans laquelle nous nous trouvons de faire notre mobilisation, de fondre sur nous en trois jours et, nous ayant écrasés, de marcher directement vers la Russie. (*Interruptions à l'extrême gauche.*)

Messieurs, je ne discute pas à cette heure, en ce moment, je discuterai tout à l'heure le thème stratégique allégué par ces paroles. En ce moment, je ne parle que des rapports militaires de la France et de la Russie, tels que les définit le Gouvernement.

Et je constate que c'est en se fondant, d'abord, sur les lenteurs de la mobilisation russe et sur le péril que, pendant une assez longue période, ces lenteurs feraient courir à la France, que le Ministre de la Guerre demande à la France le sacrifice d'une année de son temps, d'une année de sa jeunesse de plus.

Messieurs, nous fûmes frappés de la gravité de ces paroles et nous sommes plusieurs qui avons dit au ministre de la guerre : Mais quoi? on a parlé à ce pays d'une alliance, non pas d'une alliance offensive, mais d'une alliance défensive, qui ajouterait au moins à sa sécurité. C'est sous l'impulsion de cette espérance patriotique que l'on a encouragé les milliards de la France à aller fortifier la puissance économique — et l'on ajoutait, indirectement au moins, la puissance militaire — de la Russie, et quand nous arrivons à l'heure critique, quand les armements accrus de l'Allemagne peuvent donner une valeur au concours de la Russie, on nous répond : « Ah! prenons garde, pendant cinq ou six semaines au moins, la Russie ne pourra pas envoyer de ses forces vers la frontière allemande; pendant cinq ou six semaines, nous serons seuls ».

Et moi j'admirais la gravité de cette déclaration dans la bouche des hommes qui nous disaient que c'est précisément dans ces cinq ou six semaines que se règlerait le destin de la guerre et de la patrie. (*Applaudissements à l'extrême gauche et sur divers bancs à gauche.*)

M. LE MINISTRE DE LA GUERRE. — Je n'ai jamais parlé de cinq ou six semaines.

JAURÈS. — Monsieur le ministre, permettez-moi de vous dire que la plupart des journaux qui soutiennent la loi de trois ans ont dit au pays que c'est dans cette première période que se règlerait le destin de la France. Et c'est précisément parce que selon eux, cette première période serait décisive, qu'ils adjurent le pays de concentrer pour cette première période, à la frontière, le maximum de forces et de ressources. Et je n'aurais pas besoin de chercher beaucoup dans les procès-verbaux de la Commission pour trouver dans les paroles de votre état-major des indications qui soient dans ce sens. Mais dans tous les cas, vous reconnaîtrez qu'il est grave de dire à la France que dans cette première période de l'attaque brusquée... (*Applaudissements à l'extrême gauche et sur divers bancs à gauche.*)

M. DRIANT. — C'est le ministre de la guerre allemand qui le disait il y a quelques jours.

JAURÈS. — J'entends bien. M. Driant vient à mon secours. Il me dit que c'est le ministre de la guerre allemand qui le disait hier encore et il souscrit à ces paroles comme à un avertissement utile.

Eh bien, oui, les deux ministres sont d'accord pour déclarer... (*Mouvements divers au centre et à droite.*)

Quoi? Est-ce que j'ai manqué à quoi que ce soit?

M. MALAVIALLE. — Non, vous les gênez simplement. Cela donne de la force à votre argument.

JAURÈS. — ...pour déclarer que c'est dans la première période que l'adversaire chercherait à frapper les coups décisifs. Et alors il est bien de notre droit de représentants français de vous dire : quoi! c'est pendant cette période décisive que les forces actives de la Russie, repliées derrière la Vistule, procéderont à une mobilisation qui, pour nous au moins, sinon pour la Russie, sera tardive; nous avons dit à M. le ministre de la guerre : mais enfin quel est le sens de ce retrait de troupes russes? Vous avez causé? Vous avez demandé des explications? M. le ministre de la guerre a dit que selon son interprétation, ce retrait ajouterait à la puissance militaire de la Russie. Nous avons dit encore : donnez-nous des éclaircissements, des précisions. M. le ministre de la guerre nous a répondu : je n'ai jamais demandé quelles sont les raisons décisives qui ont amené l'armée russe à faire cette opération.

Édouard Vaillant. — L'entrevue de Potsdam.

M. le ministre de la guerre. — Je n'ai pas entendu l'interruption.

Jaurès. — On a dit, Monsieur le ministre de la guerre : « l'entrevue de Potsdam », et, si cela avait quelque chose de désobligeant, ce serait pour votre collègue des affaires étrangères. On a dit, en effet, que l'entrevue de Potsdam avait passé inaperçue de la France.

La France ne l'a su qu'après. Il semble bien, par la longue compagne que le journal le *Temps* a menée contre le déplacement des forces russes retirées de Pologne, que le Gouvernement français n'avait rien su à cette époque de cette opération militaire et nous avons le droit, monsieur le ministre de la guerre, dussiez-vous vous scandaliser de mes paroles, nous avons le droit de nous étonner qu'avant de venir devant le Parlement lui demander la loi de trois ans, avant de mettre cette Chambre, les républicains de cette Chambre, dans l'alternative redoutable ou de consentir un sacrifice qu'ils jugeraient inutile ou de refuser une loi qu'on les accusera d'avoir refusée par je ne sais quelle basse complaisance électorale, je dis qu'avant de les mettre dans cette alternative redoutable, votre devoir, avant de justifier votre loi par la lenteur de la mobilisation russe, consécutive peut-être du retrait des forces russes de Pologne, votre devoir envers la France, envers le Parlement, envers le pays et envers la République, c'était de demander à votre alliée, qui n'est pas votre maîtresse... (*Interruptions au centre. — Très bien! très bien à l'extrême gauche et sur divers bancs à gauche.*)

Au centre. — Y pensez-vous?

M. Cornudet (Seine-et-Oise). — Qui était ministre à ce moment-là?

M. Driant. — Les radicaux étaient au pouvoir.

Jaurès. — ...c'était de demander quelles étaient les raisons et quelles pouvaient être les conséquences de cette opération.

M. Driant. — Croyez-vous qu'on donne ces explications dans les parlements?

L'Accroissement allemand et les Réserves françaises

Jaurès. — Quoi qu'il en soit, ou quand bien même les desseins profonds de la Russie seraient plus faciles à démêler qu'ils ne le sont, je répète ce que j'ai dit, que la France doit compter sur elle-même et sur elle seule. Voilà pourquoi nous vous demandons de mettre à son service non pas une force organisée mais réduite, non pas une cohue énorme et dispersée, mais toute la masse des citoyens français, toute la masse organisée, éduquée, articulée, distribuée en unités organiques ayant leurs cadres permanents et leur recrutement local en même temps que leur action d'ensemble. Et c'est pour aller vers ce but, c'est pour aller vers ce maximum de la puissance défensive de la France que nous vous demandons... (*Interruptions sur divers bancs au centre. — Parlez! à l'extrême gauche.*) Je ne me plains pas; je ne peux que remercier la Chambre de son attention.

C'est pour aller vers ce maximum de la puissance défensive de la France que nous vous demandons de développer dans la loi de deux ans les germes d'avenir, les germes d'avenir populaire qu'elle contient, et que nous dénonçons comme un péril mortel pour la France toute tentative de s'écarter de la loi de deux ans pour aller dans la direction des armées de métier. (*Applaudissements à l'extrême gauche.*)

Et pourquoi faites-vous cette opération ? Pourquoi essayez-vous de refouler le mouvement naturel, le mouvement irrésistible qui, dans notre pays depuis plusieurs générations, et dans tous les pays du monde, à mesure que la démocratie s'y développe, conduit les armées dans le sens de l'armée nationale et de l'armée populaire? Quelle est votre raison?

Ah! je le sais. Mais lorsque vous dites que vous y êtes contraints par des faits nouveaux d'une extrême gravité, par une tension générale des rapports internationaux qui n'existait pas il y a huit ans et par une croissance soudaine des armements de l'Allemagne...

M. Driant. — Oui!

Jaurès. — ...je prétends que vous commettez un sophisme extraordinaire. (*Exclamations au centre. — Applaudissements à l'extrême gauche.*)

D'abord, c'est une chose hardie de prétendre que vous avez voté, en 1905, la loi de deux ans parce que vous étiez dans une atmosphère de paix, devant un horizon international lumineux et transparent.

Messieurs, lorsque je suis rentré dans cette Assemblée, en 1902, je montrais que depuis trente-deux ans la paix avait été maintenue dans l'Europe occidentale et centrale à travers toutes les vicissitudes et je disais que, si nous le voulions, si nous savions faire une grande politique, nous pourrions fonder une paix durable.

Et, des bancs de la droite, on me disait : chimère. L'abîme entre la France et l'Allemagne ne peut pas être comblé et la paix n'est jamais plus menacée que lorsqu'elle semble éternelle.

Voilà ce que vous me disiez. Et maintenant vous venez dire que lorsque vous avez voté la loi de 1905, entre Fachoda et Tanger, c'est parce que vous croyiez à la perpétuité de la paix certaine ! (*Très bien ! très bien ! à l'extrême gauche.*)

J'entends dire aussi — c'est la formule qu'employait l'autre jour le journal la *France* — que lorsque vous avez voté la loi de deux ans vous saviez bien que vous affaiblissiez votre organisme militaire, mais que vous avez voté une loi — c'est l'expression même du journal la *France* — qui était une sorte de désarmement.

Messieurs, je proteste de toute mon énergie contre cette falsification de l'histoire. (*Applaudissements à l'extrême gauche et sur divers bancs à gauche.*)

Nous avons voté la loi de 1905, les uns comme une institution définitive, les autres — mes amis et moi-même — comme une étape, comme un mouvement nécessaire vers une organisation plus populaire encore; mais tous, tous les républicains, tous les Français qui l'ont votée, nous avons cru, faisant une armée plus homogène et plus égale, faire une armée plus forte. (*Applaudissements à l'extrême gauche et à gauche.*) Et ainsi, quand vous prétendez aujourd'hui que, si vous abandonnez la loi de 1905, c'est parce que vous ne vivez plus dans la même atmosphère de sécurité, j'ai le droit de dire que vous essayez de vous tromper vous-mêmes sur l'œuvre nationale que vous avez faite en 1905. (*Applaudissements à l'extrême gauche et sur divers bancs à gauche.*)

Oui, l'Allemagne a accru ses armements; et vous protestiez tout à l'heure lorsque je disais qu'il y avait sophisme à parler à ce propos de fait nouveau. Mais, messieurs, pour le législateur, il n'y a de fait nouveau que ceux qu'il n'a pas pu prévoir et qu'il n'a pas prévus en effet.

Et quel est ici l'homme politique, quel est l'homme un peu informé des choses du dehors, quel est, à l'état-major, le chef responsable de l'organisation technique de notre armée, des conseils à donner au Gouvernement, non seulement pour l'heure qui passe, mais pour l'avenir, quel est l'homme politique, quel est le chef d'armée qui a pu méconnaître la possibilité d'un effort nouveau d'armements de l'Allemagne? (*Très bien! très bien! à l'extrême gauche et sur divers bancs à gauche.*)

Ah! messieurs, permettez-moi de vous dire que pour accroître son armement, pour accroître le chiffre de présence du temps de paix, l'Allemagne n'avait pas à franchir l'obstacle que vous avez à franchir aujourd'hui. Elle n'avait pas à transformer son organisation militaire, elle n'avait pas à relever de deux ans à trois ans la durée de présence. Il lui suffisait, vous m'entendez bien, il lui suffisait de constater que sa loi laissait en dehors de ses prises, non par la formule de la loi mais par l'application qui en était faite, 80.000 hommes au moins par année. Et ainsi, le jour où l'Allemagne pour une raison ou internationale ou intérieure quelconque — je n'ai pas à le rechercher à cette heure — voudrait relever le chiffre de son armée, elle n'avait, si je puis dire, qu'à se baisser à demi et à puiser dans le réservoir des forces annuelles qu'elle n'avait pas épuisé jusque-là.

C'était donc l'opération la plus facile; et mon ami Albert Thomas le disait justement hier, c'était en quelque sorte une opération industrielle, l'utilisation par la machine d'une partie de la matière qui n'avait pas été utilisée jusque-là. Et vous saviez bien, personne ne pouvait ignorer, qu'il y avait en Allemagne des groupes puissants, des groupes actifs qui demandaient que le service universel devînt non seulement une formule légale mais une réalité matérielle : c'étaient les pangermanistes, c'était la Ligue de l'armée, c'était une fraction notable du parti national libéral.

Me permettrez-vous, messieurs, d'invoquer mon modeste témoignage?

Lorsque nous discutions ici la loi sur les cadres, j'ai apporté à cette tribune la preuve que vous alliez, au bout de quelques mois, vous trouver en face, non plus de 700.000, de 800.000, de 900.000 hommes, mais, par une adjonction prochaine de réserves, de 1.200.000 hommes au moins. C'était donc un fait prévisible, c'était un fait probable, c'était, dans tous les cas, un fait possible; et vous auriez été les plus imprévoyants et les plus coupables des hommes si, toutes les fois que vous êtes venus à cette tribune, pour les cadres de l'artillerie, pour les cadres de la cavalerie, pour les cadres de l'infanterie, apporter vos vues d'avenir, des projets d'organisation qui n'étaient pas seulement pour le lendemain mais pour la suite de l'effort national, vous auriez été les plus imprévoyants et les plus coupables des hommes si vous n'aviez pas fait entrer dans vos calculs la possibilité d'un relèvement des effectifs de l'Allemagne. (*Applaudissements à l'extrême gauche et sur divers bancs à gauche.*)

Eh bien, vous l'avez fait, vous l'avez prévu; vous n'avez qu'à lire le rapport de M. Joseph Reinach sur l'organisation nouvelle de l'artillerie; vous y verrez l'annonce, l'hypothèse de l'effort complémentaire que l'Allemagne pourrait réaliser grâce à son excédent de population et à l'inutilisation d'une partie de son contingent.

Et c'est — chose inouïe ! — en vue de cette hypothèse qu'aujourd'hui vous proclamez nouvelle et par laquelle vous tentez de justifier la loi de trois ans, c'est en vue de cette hypothèse que le Gouvernement a déposé le projet organisant les cadres de l'infanterie, prévoyant dans ces cadres une ébauche d'organisation des réserves.

Ici encore, au risque d'imposer à la Chambre une fatigue nouvelle, je demande à son esprit de justice et de conscience (*Parlez! parlez!*) la permission d'appuyer mes paroles par des citations que je désire soumettre au Parlement, remettre sous les yeux du pays. Car, permettez-moi de le dire en passant, quelles que soient les conclusions immédiates ou prochaines du débat que nous avons institué, il aura rendu au moins au pays ce service d'appeler l'attention du peuple tout entier sur des problèmes d'organisation militaire dont il avait abandonné les grandes lignes à des spécialistes. (*Applaudissements à l'extrême gauche et sur divers bancs à gauche.*)

Voici ce que disait M. Joseph Reinach dans un rapport de 1909, si je ne me trompe :

Nous avons admiré, dans les batteries actives, l'homogénéité des unités instruites et assouplies.

Et vous allez voir, messieurs, que, dans cette période, où, comme je l'ai montré, on prévoyait l'accroissement des forces allemandes, de toutes parts, c'est sur les réserves, sur toutes les réserves de seconde ligne et de première ligne, et sur leur organisation, qu'on fondait indéfiniment pour l'avenir les garanties de sécurité de la France.

M. Joseph Reinach continuait :

Nous savons que les chefs de l'artillerie ont pleine confiance dans la solidité, l'endurance et le sang-froid des réservistes qui seraient appelés aux premières rencontres, peut-être décisives, à collaborer à leur place et à leur rang avec leurs camarades de l'armée active; notre conviction, fondée sur l'observation et l'expérience, étrangère à tout optimisme de commande, ne diffère point de la leur.

A quelque arme qu'ils appartiennent, nos réservistes sont, dans toute la force du mot, des soldats. S'ils ne quittent pas sans regret leurs familles et leurs travaux, ils se retrouvent, à peine ont-ils revêtu l'uniforme, les soldats qu'ils étaient pendant leurs années de service actif. (*Applaudissements à l'extrême gauche et sur divers bancs à gauche.*)

L'instruction par trop mécanique d'autrefois, où l'homme exécutait l'ordre sans être initié à la pensée du chef, au *pourquoi* de l'ordre, a fait place, depuis quelques années, à une méthode plus rationnelle, où le soldat, à la manœuvre, s'habitue sous la parole claire et les explications de ses supérieurs, à voir en elle l'image, en raccourci, de la guerre. Cette connaissance des choses double la valeur de l'homme. Le fantassin a le sens de la tactique nouvelle de l'infanterie; l'artillerie a le sens de la batterie à tir rapide.

Des esprits inquiets qui n'avaient point pénétré l'âme française redoutaient que le poison de l'antimilitarisme ne s'y fût infiltré. Les déclamations de quelques sophistes, les blasphèmes de quelques misérables ont glissé sur elle. Elle est restée intacte.

D'autres redoutaient que le service à court terme ne fût préjudiciable à la solidité de l'armée. Le législateur qui l'a établi avait obéi à deux pensées : l'une militaire, l'autre politique. Il jugeait que deux ans d'une instruction intensive suffiraient à faire un soldat d'un conscrit. Il songeait à la lourdeur du fardeau que le service à long terme imposait à la démocratie laborieuse. Son œuvre accomplie, il lui arriva parfois d'en douter : si, par malheur, il avait affaibli l'armée, porté atteinte aux éléments essentiels de la défense nationale ?

Il avait compté sans nos officiers.

L'officier a regardé en face la réalité. La loi lui impose de faire un soldat en deux ans. Il ne s'est pas seulement incliné devant la loi ; il a eu l'intelligence de l'armée moderne.

Tâche malaisée pour l'officier, élevé si souvent dans les idées d'autrefois. Il semble que le passé avec ses traditions ou ses préjugés doive le ramener en arrière. Au contraire, il se dégage du passé ; et la conception de ce que doit être l'armée moderne, l'armée-cadre, cette conception encore obscure parfois chez le législateur lui-même, lui est apparue en pleine lumière.

Il n'a plus à former une armée de métier. L'armée du temps de paix n'est plus qu'un cadre ; l'armée du temps de guerre, c'est l'immense masse des réserves encadrées. (*Vifs applaudissements à gauche et à l'extrême gauche.*)

M. Joseph REINACH. — Je remercie vivement M. Jaurès d'avoir porté cette page à la tribune. Je n'ai pas un mot à en retirer. (*Applaudissements au centre, à droite et sur divers bancs à gauche.*)

JAURÈS. — M. Reinach me dit qu'il n'a rien à en retirer; mais moi, j'ai à y ajouter. J'espère que quand mes citations seront terminées, vous ne pourrez pas dire que, même volontairement, j'aie mutilé ou dénaturé le texte et la pensée. (*Très bien! très bien! à l'extrême gauche.*)

Nous avons entendu de nombreux officiers de tous grades s'expliquer avec une belle netteté de parole sur cette évolution de nos institutions militaires. Notre propre pensée en est devenue plus claire à nos yeux. Aussi patriotes et aussi militaires que leurs prédécesseurs, plus et mieux instruits, l'esprit plus élargi et plus libre, les chefs et les officiers de notre armée se sont adaptés presque immédiatement au nouvel ordre qui commençait. Ils ne voient pas dans les réserves, comme d'autres en un temps qui n'est pas encore très lointain, une garde nationale encombrante. (*Applaudissements à l'extrême gauche et sur divers bancs à gauche.*) Les réserves, c'est la part la plus considérable de l'armée combattante, de l'armée du temps de guerre.

Vous entendez, messieurs: voilà le rôle des réserves. (*Applaudissements à l'extrême gauche et sur divers bancs à gauche.*)

Continuons la lecture :

Ils les ont formées; ils les tiennent en haleine; ils ont foi en elles; ils affirment au pays que son armée tout entière est à la hauteur de sa tâche : assurer la paix, la seule paix qui soit digne de la France, la paix avec tout l'honneur. (*Vifs applaudissements.*)

Voilà le rôle des réserves, et moi, avant de passer à la suite de mes citations, je suis obligé de me demander ce que vont ressentir au fond de leur conscience d'éducateurs militaires ces officiers que vous louez d'avoir, malgré les préjugés, les entraves du passé, compris l'armée nouvelle : vous les glorifiez de s'être dégagés de la routine, du préjugé de la tradition pour comprendre et pour appliquer votre œuvre ; et, quand ils s'y sont dépensés, quand ils s'y sont haussés de leur volonté et de leur âme, quand ils sont parvenus à ce sommet avec les soldats de deux ans, c'est le législateur qui vient leur dire : vous êtes montés trop haut, je vous invite à descendre. (*Vifs applaudissements à l'extrême gauche et sur divers bancs à gauche.*)

M. Joseph Reinach. — Je remercie encore une fois M. Jaurès...

Jaurès. — Vous me remercierez souvent. (*Sourires.*)

M. Joseph Reinach. — ...de la citation qu'il vient de faire. Je n'ai pas un mot à en retirer.

M. Jaurès ayant porté à la tribune cette page de mon rapport, ne pourra pas dire, du moins aujourd'hui, comme on ne cesse de le dire, depuis plusieurs mois, que nous ne croyons plus aux réserves. (*Très bien ! très bien ! au centre et sur divers bancs.*)

Notre foi dans les réserves et dans les réservistes reste la même. Je l'ai dit l'autre jour, au seuil de cette discussion; je le répète aujourd'hui. Mais ce que je répète également, c'est qu'en présence de la nouvelle loi allemande (*Exclamations à l'extrême gauche et sur divers bancs à gauche. — Applaudissements au centre, à droite, et sur divers bancs à gauche*), nous avons pensé qu'il était de notre devoir, de notre plus impérieux devoir, d'opposer à une armée qui, elle, depuis 1909, a elle-même accru, dans ses propres rangs, la proportion des hommes de l'active par rapport aux réserves, de lui opposer un amalgame plus solide que par le passé, un amalgame plus fort. (*Très bien! très bien! au centre st sur divers bancs.*)

Ces réservistes qui, demain comme hier, seront appelés à la mobilisation — et comment ne seraient-ils pas appelés? — ces réservistes retrouveront dans les unités actives les chefs qui les ont instruits, ces chefs dont j'ai fait dans mon rapport sur l'artillerie, l'éloge qui vient de vous être lu par M. Jaurès. Mais ils y trouveront aussi quelque chose de plus: ils y trouveront cet encadrement plus serré, cet amalgame plus puissant grâce auxquels c'est à la victoire qu'ils seront conduits et non pas à la défaite des rédifs turcs. (*Vifs applaudissements au centre, à droite et sur divers bancs à gauche. — Exclamations à l'extrême gauche et sur divers bancs à gauche.*)

JAURÈS. — Puisque nous en sommes à la période charmante des remerciements réciproques, c'est moi qui vais remercier M. Reinach d'avoir souligné pour la

Chambre le contraste entre ses paroles d'hier et ses paroles d'aujourd'hui. (*Mouvements divers.*) Car enfin monsieur Reinach, ou bien vous étiez prodigieusement inattentif...

M. JOSEPH REINACH. — Vous venez de dire le contraire.

JAURÈS. — ...aux choses militaires de l'Allemagne, ou vous ne pouviez pas ignorer et vous n'ignoriez pas, puisque vous en parlez au début de votre rapport, au moment où vous avez écrit ces lignes, que l'Allemagne pouvait à une date rapprochée accroître son effectif de caserne; et vous n'avez pas écrit: Ce que j'ai dit là des réserves, ce que j'ai dit de notre armée n'a qu'une valeur provisoire jusqu'à l'heure où l'Allemagne aura accru son effectif de caserne. Mais si cela n'avait pas une valeur provisoire...

M. JOSEPH REINACH. — Non!

JAURÈS. — ...si la valeur reconnue par vous à ces réserves était une valeur définitive, si la nécessité de mettre en œuvre la loi de deux ans et d'éducation militaire sous les règles de la loi de deux ans avaient poussé à un niveau supérieur les officiers et les soldats, en quoi, je vous prie, la réalisation de l'hypothèse, dès lors prévue, de l'accroissement d'armements de l'Allemagne vient-elle affaiblir cette force d'excellence que vous reconnaissiez aux réserves, à notre armée ?

Savez-vous ce que vous disiez qu'elles étaient, ces réserves? L'élite de l'armée!

M. le Rapporteur. — A la condition qu'elles soient entraînées et encadrées.

Jaurès. — Si elles sont l'élite de l'armée, ce sont elles qui encadreront vos soldats de caserne. (*Vifs applaudissements à l'extrême gauche et sur divers bancs à gauche. — Protestations au centre.*)

M. Driant. — Le voilà, le sophisme! (*Exclamations à l'extrême gauche.*)

Jaurès. — Messieurs, je suis obligé de dire que, en effet, M. Reinach avait tout prévu et non pas seulement l'excellence des réserves encadrées dans l'active, ou incorporées en régiments de l'active, mais, sous condition qu'on les encadrât fortement, l'excellence du deuxième ban des réserves, des sept dernières classes; et, dans le discours où il est venu, à cette tribune, défendre la nouvelle loi des cadres et les cadres complémentaires qui doivent se détacher de nos régiments d'active pour encadrer les réserves exclusivement formées de réservistes, quand il est venu défendre cette loi à la tribune, M. Reinach a annoncé comme une partie essentielle et définitive d'une organisation militaire supérieure les formations de réserve exclusivement composées de réservistes.

Ah! il n'a pas les doutes de M. Messimy. (*Sourires à*

l'extrême gauche) ; il n'a pas les doutes triomphants de M. Benazet.

M. PAUL BENAZET. — Je ne triomphe pas encore.

JAURÈS. — M. Reinach n'est pas allé en Bulgarie (*Rires à l'extrême gauche*) ; et il a, dans l'excellence des formations de réserves exclusivement réservistes, une foi magnifique, à la seule condition que ces réserves aient des cadres, des cadres excellents, des cadres solides.

Faute de cadres, les réserves seraient conduites à la boucherie ; mais avec des cadres, non seulement elles iront à la victoire, mais elles iront en première ligne.

M. Reinach ne les destine pas à compléter, un mois après, une victoire commencée et encore hésitante de l'armée de première ligne, M. Reinach les jette, d'emblée, dans la fournaise, avant que la statue de métal de la victoire soit même ébauchée. Elles seront l'élément premier de la victoire qui va être fondue dans la fournaise. (*Vifs applaudissements à l'extrême gauche.*)

Écoutez, messieurs :

Avec la loi sur le service de deux ans, loi qui a été rendue nécessaire, j'entends en ce qui concerne l'infanterie, non pas seulement comme on l'a trop tôt dit, par des considérations politiques, mais aussi par des raisons militaires très fortes, avec la loi de deux ans et en raison de la diminution croissante de la natalité, la situation a aujourd'hui complètement changé. Nous continuons nécessairement, au moment de la mobilisation, à verser dans tous les régiments de l'armée active proprement dite, qui deviennent eux-mêmes des espèces de cadres, à verser dans ces régiments trois classes et demie de réservistes sur onze, nous envoyons dans les dépôts environ trois classes, mais les quatre classes et demie qui constituent, qui forment les régiments de réserve ne peuvent plus désormais rester à l'arrière. Armée de seconde ligne dans la loi de 1889 et la loi de 1872, cette seconde partie de la réserve doit passer aujourd'hui de la seconde ligne à la première ligne.

Dès la mobilisation, vous êtes appelés à utiliser ces ressources. Comment les utiliserez-vous? Avec des cadres, vous les envoyez en première ligne.

Au premier jour de la mobilisation, pour les premières batailles, messieurs les chefs de l'état-major général, pour les premières batailles, non seulement nos régiments d'active complétés de leurs réservistes, mais encore, avec eux, à la même heure, pour la même œuvre première, pour les mêmes combats de front, quatre classes des réserves les plus anciennes.... (*Mouvements divers.*)

On me fait des signes de dénégation; je ne les comprends pas. Je me borne à interpréter la pensée de celui qui a été tout récemment l'inspirateur de la loi de trois ans. (*Vifs applaudissements à l'extrême gauche.*)

M. DRIANT. — Du moment que le général Pau vous dit : Non, tout votre raisonnement tombe. (*Réclamations à l'extrême gauche.*)

JAURÈS. — Messieurs, une dernière citation, si vous me le permettez, et celle-ci de l'ancien ministre de la Guerre, M. Millerand.

Voici ce qu'il disait, visant, lui aussi, notre infériorité numérique par rapport à l'effectif de caserne de l'armée allemande et prévoyant — il n'a pas l'esprit assez court pour ne pas la prévoir — la croissance de l'écart numérique entre nos effectifs de caserne et l'effectif de caserne allemand. Voici comment, comme ministre de la Guerre, M. Millerand annonçant un projet de loi, non pas d'expédient, mais d'organisation, un projet organique sur les cadres, définissait la solution nécessaire, la seule solution.

Pour compenser votre infériorité numérique, il faut utiliser de la façon la plus intensive toutes vos classes de réserves. Quelle est donc leur valeur ? J'ai eu, il y a quelques semaines, l'occasion d'assister au camp de Sissonne, à des exercices de quelques-unes de ces classes de régiments de réservistes. J'ai reçu les rapports d'officiers généraux qui, en d'autres camps, ont passé la revue des régiments de réserve tels que ceux que j'avais vus moi-même. L'impression est unanime. Ce sont des troupes d'une solidité admirable et qui peuvent fournir, l'heure venue, un secours décisif...

M. André Lefèvre. — Un secours.

Jaurès. — « ...à une seule condition, c'est qu'elles soient encadrées. »

Eh bien, encadrons-les, et ne faisons pas le service de trois ans. (*Vifs applaudissements à l'extrême gauche et sur divers bancs à gauche.*)

Il est extraordinaire que vous cessiez de croire à la

valeur des solutions que vous réclamiez, juste à l'heure où il faudrait les appliquer.

M. LE MINISTRE DE LA GUERRE. — Jamais!

JAURÈS. — Et M. Millerand ajoute :

...C'est que ces forces de réserve, composées d'hommes dans la force de l'âge, qui, au bout de huit jours passés dans le rang, ont retrouvé tout leur esprit militaire, aient pour les guider, non seulement des lieutenants-colonels à la tête des régiments, des chefs de bataillon à la tête des bataillons, des capitaines à la tête des compagnies, mais surtout, dans l'intérieur de chaque compagnie, des sous-officiers de l'active, qui en constituent vraiment l'ossature. Alors, messieurs, ces troupes sont, je ne crains pas de le dire, des troupes de premier ordre. (*Applaudissements sur les mêmes bancs.*)

M. CORNUDET (Seine-et-Oise). — A condition qu'elles soient encadrées.

JAURÈS. — C'est entendu.

M. FORGEMOL DE BOSTQUÉNARD. — Et après huit jours d'entraînement, au moins!

M. DRIANT. — « De premier ordre » ne veut pas dire « de première ligne ».

JAURÈS. — Pendant toute la période où vos rapporteurs, vos ministres de la Guerre, vos inspecteurs généraux de l'armée, ne conseillaient, comme solution nécessaire, que l'entraînement, l'organisation, l'encadrement des réserves, de toutes les réserves, des réserves plus anciennes comme des réserves plus jeunes, pendant toute cette période, sur votre pensée, sur vous, planait la possibilité prévue, annoncée, de l'accroissement des forces de caserne de l'Allemagne; et c'est précisément — je ne me lasserai point de le répéter — en vue de cette hypothèse que vous demandiez alors, non pas l'allongement de la durée du temps de caserne, non pas le relèvement artificiel de vos effectifs de caserne, nécessairement abaissés par la diminution de la natalité; ce que vous proposiez, ce que vous demandiez, c'était l'œuvre vivante, l'œuvre populaire, l'œuvre progressive contenue en germe dans votre loi de 1905, mais en un germe qu'on avait laissé stérile et dormant. Et vous disiez: « La solution, c'est de le réveiller, c'est de l'animer, c'est de transformer cette promesse de la loi de 1905 en une réalité vivante. »

Et alors, quand l'hypothèse de l'accroissement des effectifs allemands s'est, en effet, vérifié, votre devoir, ce n'était pas, comme un cheval aux œillères étroites qui est surpris par l'obstacle et par l'accident soudain de la route, ce n'était pas de vous rejeter brutalement dans le fossé de la loi de trois ans, c'était de développer, de hâter la réalisation de la formule de salut que vous aviez promulguée vous-mêmes en vue de cette hypothèse. (*Applaudissements à l'extrême gauche et sur divers bancs à gauche.*)

Voilà quel était le devoir rude. Oui, vous deviez vous tourner vers la France, et vous deviez lui dire: Ce que nous avons prévu se réalise, se réalise même plus vite que nous ne l'avions prévu. A toi de redoubler d'énergie dans l'action progressive. Ta ligne de forteresses, qui ne couvre que ta frontière de l'Est, doit couvrir maintenant, pour des éventualités nouvelles, ta frontière du Nord. Hâte-toi. Construis de nouvelles forteresses. (*Applaudissements répétés à l'extrême gauche et sur divers bancs à gauche.*)

Vous deviez lui dire : « Tes réserves, sont une masse immense, une masse qui de son mouvement, de son poids, refoulerait toute invasion si cette masse était mieux organisée. Il faut lui faire des cadres coûte que coûte. Faisons-les. (*Applaudissements sur les mêmes bancs.*)

M. LE MINISTRE DE LA GUERRE. — Il faudra les faire.

JAURÈS. — « Il faut, en rapprochant les réservistes de leur centre d'active, en cessant ce schisme, ce divorce déplorable, au point de vue militaire comme au point de vue social, de l'armée et du pays, rendre plus faciles les convocations fréquentes et à courte durée des réservistes. (*Applaudissements à l'extrême gauche et sur divers bancs à gauche.*)

« Il faut, par tous les moyens, fondre ce qu'on appelle la réserve et ce qu'on appelle l'active dans une armée unique, dans la nation armée, dans la nation active. Il faut, là où c'est nécessaire, multiplier les moyens de transports, verticaux ou latéraux, le long de la frontière pour hâter la concentration et il faut, dans ces marches de l'Est — admirablement nommées d'un mot familier et antique par le général Maitrot — il faut hâter la mobilisation de tous les citoyens, hérisser la zone frontière de toutes ces armées de citoyens libres.

« France, fais cela et tu te défendras non pas en rétrogradant vers le passé, mais en avançant vers l'avenir. (*Vifs applaudissements à l'extrême gauche et sur divers bancs à gauche.*)

Voix nombreuses. — Reposez-vous!

Après une courte suspension de séance, Jaurès, qui avait été longuement acclamé par ses amis socialistes et par un grand nombre de députés de gauche, reprend son discours.

Le plagiat du militarisme allemand

JAURÈS. — Je remercie doublement la Chambre et en particulier mes contradicteurs habituels, d'abord pour la bienveillance avec laquelle ils ont bien voulu m'entendre, et puis, pour la courtoisie avec laquelle ils m'ont accordé un instant de repos nécessaire.

Je disais, messieurs, qu'à l'heure où s'est vérifiée, ou s'est réalisée l'hypothèse prévisible et prévue de l'accroissement des armements de l'Allemagne, le devoir des dirigeants français était non pas de se rejeter vers la routine, vers la formule trop facile de la loi de trois ans, mais de développer énergiquement, par l'éducation de la jeunesse, par l'organisation des réserves, par l'armement du peuple sur place, par le perfectionnement de tous les moyens techniques de mobilisation et de concentration, les garanties d'avenir qui conviennent à un grand peuple de démocratie. Et le plus déplorable, messieurs, dans la solution hâtive d'expédients subalternes qui a été adoptée, c'est qu'elle désapprend au pays de France la vertu qu'il a le plus besoin d'apprendre : l'esprit de suite et de continuité. (*Très bien! très bien! à l'extrême gauche.*)

Voilà des années qu'à ce peuple nerveux, aux impressions fortes, aux émotions soudaines, on dit : Si le péril allemand grandit, si le militarisme allemand trouve dans la croissance de sa population et dans l'utilisation plus intensive de ses contingents des ressources nouvelles, ne te trouble pas. Tu as dans tes ressources de démocratie, dans la possibilité de mettre en œuvre et en action toutes les forces populaires, des garanties incomparables.

Et voici qu'au jour où, en effet, se réalise l'hypothèse prévue, annoncée, au lieu de dire au peuple: Creuse et ouvre plus vite le sillon que tu avais commencé à ouvrir, on lui dit: Tout est perdu si tu n'abandonnes pas l'effort commencé et si tu ne te rejettes pas brusquement vers des solutions que, depuis huit ans, tu avais dépassées et jetées aux choses mortes! (*Applaudissements à l'extrême gauche et sur divers bancs à gauche.*)

Eh bien, messieurs, un Gouvernement manque à la France lorsque, à ce pays qui a toutes les forces, tous les élans, toutes les énergies, auquel ni la persévérance ni la méthode ne font défaut, ses gouvernants, selon les caprices de l'heure, changent brusquement de direction. C'est là qu'est la diminution morale et la diminution militaire de ce pays. (*Applaudissements à l'extrême gauche et sur divers bancs à gauche.*)

Et où le mène-t-on? Que lui propose-t-on? Qu'est-ce qu'on substitue à la solution de démocratie qui a été par là-même la solution française? Ce qu'on propose, c'est un plagiat du militarisme allemand (*Nouveaux applaudissements sur les mêmes bancs*), le plagiat le plus absurde, d'abord, et le plus inopportun, ensuite.

Le plus absurde, parce que vous allez porter votre lutte avec l'Allemagne précisément sur le terrain où vous êtes sûrs d'avance d'être vaincus. (*Applaudissements à l'extrême gauche et sur divers bancs à gauche.*)

Dans la concurrence numérique des effectifs de caserne, vous êtes d'avance les vaincus. Vous êtes obligés de reconnaître que vous êtes vaincus tout de suite. Malgré la loi de trois ans, vous aurez d'emblée, comme entrée de jeu dans la partie nouvelle, une infériorité de près de 200.000 hommes; et comme vous avez dit à ce pays, monsieur le ministre, que c'est dans la force de caserne que réside la garantie principale d'une nation, comme au lendemain même du sacrifice que vous aurez demandé au pays, le pays, regardant vers l'horizon, constatera qu'il est encore en infériorité de 200.000 hommes, le sacrifice que vous lui demandez s'aggravera du malaise de l'infériorité persistante. (*Applaudissements à l'extrême gauche et sur divers bancs à gauche.*)

Infériorité persistante et toujours croissante, car même si la progression de la natalité allemande, qui se ralentit, mais qui ne s'arrête pas, s'arrêtait brusquement, l'excédent brut des naissances allemandes sur les naissances françaises resterait énorme et, de plus, messieurs, comme c'est dans les vingt dernières années que la population allemande a le plus rapidement grandi par rapport à la nôtre, et comme c'est le mouvement de la population allemande, dans les vingt dernières années, qui va, d'ici vingt ans, se refléter dans le chiffre des contingents incorporés dans les vingt années qui vont venir, l'équilibre d'effectifs déjà rompu dès maintenant à votre détriment de 200.000 hommes va s'aggraver de près de 20.000 tous les ans, même si l'Allemagne ne descend pas, dans l'évaluation des hommes incorporables, au niveau où vous êtes descendus vous-mêmes.

Ainsi, à l'heure où ce pays, en face de l'énorme force brute qui grandit de l'autre côté de sa frontière, aurait besoin d'un immense effort, d'élan, de confiance et d'espérance, vous, vous lui dites : la bataille, la vraie bataille, celle où se mesureront les forces qui décident, elle va se livrer sur la question d'effectifs de caserne où la France est d'emblée vaincue de 200.000 hommes et où sa défaite ira grandissant d'année en année. (*Vifs applaudissements à l'extrême gauche et sur divers bancs à gauche.*)

ÉDOUARD VAILLANT. — Voilà le vrai!

M. le comte HUBERT DE MONTAIGU. — C'est une opinion.

JAURÈS. — Je dis qu'à l'heure où l'on proclame dans tous les pays du monde et où vous tous, Français de tous les partis et de toutes les confessions, chrétiens, socialistes, démocrates de la Révolution française, à l'heure où vous tous, malgré vos dissentiments, vous êtes d'accord pour dire que, dans le conflit des nations, la force morale, la force de confiance en soi est un élément décisif, vous inscrivez la France d'office, par vos déclarations et par l'institution militaire qui en est la formule, à un niveau de confiance et de moral inférieur au niveau de l'adversaire, alors que, si vous mettiez en œuvre vos institutions de démocratie, vous pourriez élever ce peuple à un niveau de confiance supérieur! (*Vifs applaudissements à l'extrême gauche et sur divers bancs à gauche.*)

Plagiat absurde! messieurs, plagiat singulièrement inopportun et je dirai inconvenant, à l'heure où ce militarisme allemand, copié par vous, plagié par vous dans ses procédés et dans sa technique, est lui-même aux prises avec des difficultés insolubles.

Oui, messieurs, et je me permets d'appeler sur cet objet votre méditation. Beaucoup d'entre nous sont dupes de la force extérieure de l'Allemagne. Sous l'unité apparente, sous l'autorité apparente de son Gouvernement d'empire, il y a des divisions profondes et de redoutables flottements; et sous l'apparente résolution de ses méthodes militaires, il y a des embarras insolubles. J'ose dire, à l'heure où vous, Français, vous abandonnez, vous vous préparez à abandonner l'esprit, la vivante formule de la nation armée pour copier dans son mécanisme de caserne le militarisme allemand, que l'Allemagne est perdue et qu'elle ne pourra faire face aux problèmes qui peuvent l'assaillir, si elle-même n'évolue pas vers la nation armée.

Ah, messieurs, prenez-y garde! Vous avez souri comme d'une hypothèse ridicule et absurde, lorsqu'on vous a entretenus du plan de l'Allemagne, au cas où elle aurait à lutter à la fois contre la France, et contre la Russie, d'écraser d'abord la France, et puis, avec ses troupes victorieuses, laissant là, sur la terre de France piétinée, notre pays gisant, de se retourner contre la Russie à l'autre frontière. Vous avez souri de cette hypothèse! *(Dénégations au centre.)*

M. Paul Bignon. — Pas du tout!

Jaurès. — Si! Beaucoup l'ont trouvée singulièrement risquée.

M. le Ministre de la Guerre. — Vous m'avez reproché de l'avoir produite moi-même devant la Commission de l'armée.

Jaurès. — J'ai constaté simplement que vous l'aviez faite et je dis que, lorsqu'elle a été produite, beaucoup de Français l'ont considérée comme une hypothèse frivole.

Mais, messieurs, je vais dire précisément que c'est, en fait, d'après tous les indices que nous en pouvons recueillir, l'hypothèse qui nous préoccupe et qui domine depuis plusieurs années l'état-major allemand.

De même que vous, Français, si vous voulez assurer votre sécurité, vous êtes obligés de raisonner dans l'hypothèse où vous serez seuls aux prises avec l'Allemagne; l'Allemagne, si elle veut garantir sa sécurité, est obligée de raisonner dans l'hypothèse où seule, elle aura à faire face, à la fois, à la Russie, d'un côté, et à la France, de l'autre. (*Très bien! très bien!*)

Eh bien, dans cette hypothèse, qui domine depuis de longues années l'état-major allemand, toute sa doctrine, tous ses travaux, toutes ses manœuvres, dans cette hypothèse, l'état-major allemand a conclu que la seule ressource, ce serait, pour lui, de porter d'abord toutes ses forces, d'un côté, et, ensuite, après avoir vaincu le premier de ses adversaires, de porter ensuite ses forces de l'autre côté.

Voilà l'hypothèse à laquelle l'état-major allemand est voué.

Il suffit de lire les travaux du général von Bernhardi, dont j'ai parlé, il suffit surtout de voir le thème de toutes les manœuvres allemandes depuis plusieurs années, et, en particulier, le thème des manœuvres allemandes du mois de septembre 1912, pour voir que c'est bien là la donnée fondamentale du militarisme allemand. J'essaye de poser les termes du problème, mais vous allez voir la conclusion.

Voici ce que disait la direction des manœuvres allemandes aux corps allemands qui étaient en manœuvres, en septembre 1912 :

Etant donnée la situation, une conduite énergique des opérations commandait au parti bleu de n'opposer tout d'abord à l'invasion des armées rouges de l'Est que des forces faibles, et cela quand bien même la capitale de l'Etat bleu devrait tomber aux mains de l'ennemi. Jamais la possession d'une ville ou d'un territoire ne doit être le but des opérations de guerre; le seul but doit être toujours l'anéantissement des armées ennemies. Ce n'est donc qu'après la destruction de l'armée principale ennemie sur le théâtre des opérations de l'Ouest que la concentration des forces contre l'ennemi de l'Est pourra commencer.

Voilà le schéma symbolique des préoccupations et des opérations de l'état-major allemand.

Eh bien, messieurs, au risque d'être accusé d'être un stratège si aventureux qu'il se permette de juger à la fois par dessus les frontières les opérations de l'état-major français et les opérations de l'état-major allemand, j'ose dire que, si le militarisme allemand est acculé à cette hypothèse, il est dans l'état de crise le plus formidable et que, dans la conception qu'il se fait des opérations possibles, il subit ce qui a été le vice, dans l'histoire, de l'esprit allemand, puissant mais lourd, méthodique mais acharné à se répéter lui-même, l'esprit de formalisme routinier qui, aux heures de crise, s'est plus d'une fois substitué, dans l'histoire allemande, à l'esprit vivant de la méthode et de l'action variée. (*Très bien! très bien!*)

Grandes furent les victoires de Frédéric, admirables les leçons de tactique et de méthode qu'il faisait à ses lieutenants. Mais parce qu'ils vécurent sur ce passé, parce qu'ils s'endormirent sur cet oreiller de gloire, de sagesse et de tradition, parce qu'ils se répétèrent, parce qu'à Valmy ils n'eurent que les souvenirs morts des méthodes frédériciennes, parce qu'à Iéna, au lieu de se réfugier entre l'Oder et l'Elbe, comme le conseillaient les plus avisés, dans cette enceinte de forteresses où, aux heures désespérées, s'était sauvée la monarchie de Brandebourg, ils voulurent, sous les serres de l'aigle qui planait, recommencer les méthodes d'offensive qui avaient réussi à Frédéric avec les armées lentes de l'Autriche et de la Russie; parce qu'ils se copièrent eux-mêmes, parce qu'ils devinrent leurs plagiaires, ils passèrent des victoires de Frédéric aux défaites frédériciennes de Valmy et d'Iéna. (*Vifs applaudissements à l'extrême gauche et à gauche.*)

Eh bien, messieurs, permettez-moi la témérité de le dire — quel risque après tout y aurait-il à ce que nous pensions tout haut et quelle fausse modestie y aurait-il à ne pas dire ce que l'on pense? (*Très bien! très bien!*) — de même, le militarisme allemand d'aujourd'hui, dans l'hypothèse dont je vous parle, dans le dessein qu'il met en œuvre dans ses opérations présumées, dans ses hypothèses, il recommence à copier les formules de de Moltke avec la même frivolité routinière qui conduisit au désastre les imitateurs serviles de Frédéric.

Ce fut, messieurs, une pensée grandiose et hardie de de Moltke, à la veille de 1866, à la veille du conflit de la Prusse avec l'Autriche, quand la Prusse avait affaire à trois adversaires disséminés, aux armées du Hanovre, qui pouvaient, sinon menacer, au moins défier Berlin, aux armées de l'Allemagne du Sud, de la Bavière, qui pouvaient menacer, inquiéter les possessions rhénanes de la Prusse, et enfin aux armées de l'Autriche, de dire à son roi: « Quoi qu'il advienne, quelles que puissent être les audaces du Hanovre ou les incursions sur notre domaine des armées de l'Allemagne du Sud, il y a un adversaire principal, c'est l'Autriche, ce sont les armées de l'Autriche et, contre cet adversaire, nous allons concentrer d'abord toutes nos forces, nous négligerons les autres ou nous ne leur opposerons qu'une faible partie de nos forces et, quand nous aurons gagné la bataille, par la concentration de nos forces, contre l'ennemi principal, alors, nous regagnerons sur les autres le terrain qu'ils auront pu conquérir. »

Cette formule audacieuse, elle a réussi dans la guerre de 1866, elle a eu sa récompense éclatante et tragique dans la victoire de Sadowa.

Mais pourquoi pouvait-elle alors réussir? Parce que les deux autres adversaires, Hanovre et Bavière, étaient des adversaires débiles et irrésolus et parce que l'Autriche elle-même était résignée à capituler et à fléchir sous les premiers coups qui la frapperaient. C'est à ces conditions seulement que le dessein de de Moltke a pu réussir en 1866. Et déjà c'était une singulière audace et j'ajoute, une singulière imprudence à de Moltke de prétendre s'imiter lui-même, se copier lui-même, lorsque, dans ses mémoires au roi de Prusse, de 1868 et de 1869, il formulait la même tactique dans l'hypothèse où il aurait à lutter à la fois contre l'Autriche et contre la France. C'est alors qu'il a écrit ces lignes tragiques et grandioses d'audace froide et de confiance dans la résolution indomptable de son peuple :

Nous irons d'abord contre la France, contre la France seule, avec toutes nos forces, quand bien même, pendant ce temps, l'Autriche envahirait sans obstacle le territoire prussien; quand bien même, ajoute de Moltke, elle s'établirait dans notre capitale et prendrait possession de Berlin, avec nos armées victorieuses de la France, nous reviendrions à travers toute l'Allemagne enthousiaste et soulevée par l'esprit de victoire national et c'est dans les acclamations unanimes que nous fêterons à Berlin notre double victoire, sur les Français d'abord, et sur les Autrichiens ensuite.

Oui, messieurs, voilà quel était le plan. Mais demandez-vous, à la lumière des événements de 1870, ce que fût devenu ce plan. Il supposait que la France allait, sous le premier coup d'un nouveau Sadowa, s'incliner comme l'Autriche, demander grâce et permettre à la

Prusse, victorieuse en quelques jours, de se retourner contre l'Autriche.

Qu'est-il advenu? C'est que la France, même gâtée et affaiblie par vingt ans d'absolutisme et de despotisme irresponsable (*Vifs applaudissements à l'extrême gauche et à gauche*), même livrée aux tâtonnements héroïques et inévitables d'une révolution improvisée, a tenu, non pas huit jours, non pas trois semaines, non pas deux mois, mais sept mois; et que, dans ces sept mois, à travers toutes les vicissitudes, la victoire de l'ennemi, d'abord orgueilleuse et rapide comme l'aigle qui fond du haut de l'espace sur sa proie, s'est traînée dans la poussière sanglante de la plaine. (*Applaudissements répétés à l'extrême gauche et à gauche.*)

M. Justin Godart. — Il y en a qui n'applaudissent pas !

M. Ferdinand Buisson. — Tout le monde pourrait applaudir la défense nationale. (*Nouveaux applaudissement à l'extrême gauche et à gauche.*)

Jaurès. — Oui, messieurs, regardez l'histoire douloureuse et glorieuse de ces sept mois. Après tout, une philosophie historique, superficielle, transforme en fatalité invincible des suites d'événements où, parfois, la volonté humaine a pu croire qu'elle changerait le destin.

Il aurait suffi, aux premiers jours, d'un peu plus de hâte dans la concentration et dans le ralliement de nos généraux (*Très bien! très bien!*) pour que l'adversaire rencontrât des obstacles qui fussent difficiles à briser. Sous les murs de Metz, la marche de flanc de de Moltke aurait été brisée, si la trahison latente du général en chef... (*Vifs applaudissements à l'extrême gauche et à gauche*) n'avait pas brisé l'élan des forces françaises. Et même après ce désastre français de Sedan, où l'armée la plus glorieuse tomba dans le gouffre sans fond d'où l'héroïsme même n'eût pas suffi à la soulever, même après ce désastre, qu'écrivait de Moltke ? qu'écrivait Bismarck ? Bismarck disait : « Je prévois le siège de Paris et je prévois que ce Paris, ce Paris investi, sera peut-être contre nous, une Jérusalem farouche qu'un fanatisme invincible défendra contre nous. » Voilà ce qu'il écrivait à sa femme dans la confidence de ces jours tragiques.

Et de Moltke ? Il passait la revue de ses forces disponibles : Metz investi et qui absorbait une partie de son armée, le reste conduisant , hélas! des convois de prisonniers ou assurant les chemins, savez-vous combien d'hommes il lui restait pour marcher sur Paris, pour avoir raison de la capitale et du reste de la France? 150.000 hommes. Et si, en outre, les forces improvisées que la défense nationale souleva sans préparation, sans cadres, si elles avaient reçu d'abord d'un régime ayant confiance en la nation et en la démocratie (*Vifs applaudissements à l'extrême gauche et à gauche*) un commencement de préparation, eh bien, messieurs, les destins auraient sans doute été longtemps tenus en balance.

Et alors, demandez-vous ce que peut signifier aujourd'hui, dans l'hypothèse où, en effet, l'énorme Russie slave, avec ses réserves, lentes mais profondes, entrerait en jeu et où la France populaire, la France de l'armée de deux ans et des réserves magnifiées, vous entendez (*Vifs applaudissements à l'extrême gauche*), demandez-vous ce que deviendrait l'hypothèse arrogante et frivole de l'état-major allemand ?

Quoi ! en un déjeuner de victoires, on aurait raison de 30 millions de Français ?

Quoi ! vos 500.000 hommes de caserne et les 2 millions de réservistes glorifiés par M. Reinach, ne suffiraient pas à tenir la France debout ! (*Applaudissements à l'extrême gauche et sur divers bancs à gauche.*)

Messieurs, l'hypothèse est imprudente; j'ose dire qu'elle est frivole et j'ajoute que même les théoriciens de l'état-major allemand, si confiants qu'ils paraissent dans leurs procédés traditionnels, ne sont pas sans inquiétude sur l'efficacité de celui-là. On a cité à cette tribune un fragment du général von Bernhardi préconisant cette méthode, mais on n'a cité qu'un fragment. J'ai pris la peine — et je vous avoue que je constate que c'est une méthode qui est appliquée ici de plus en plus rarement — de me reporter à l'ensemble du texte. Le général von Bernhardi, dans des passages que vous me permettrez de ne pas vous citer, que j'ai transcrits en entier, que je mettrai, au sortir de cette séance, sous les yeux de mes contradicteurs, a dit : Oui, c'est une méthode admirable, celle qui consiste à battre successivement les deux adversaires, mais elle n'a qu'un inconvénient, c'est qu'elle suppose à chacun des deux adversaires une incapacité complète (*Sourires à l'extrême gauche*), elle suppose que l'un ne marchera pas en avant tant que l'autre n'aura pas été écrasé, et elle suppose que celui-ci capitulera juste la veille où l'autre entrerait en action. (*Rires et applaudissements à l'extrême gauche et à gauche.*)

Messieurs, c'est ce que dit le général von Bernhardi et je n'en tire qu'une conclusion, c'est que l'état-major allemand, c'est que le militarisme allemand, devant les problèmes nouveaux et énormes dont il est assailli, est en pleine crise de pensée et de méthode. D'une part, il n'a d'autre recours que de se copier servilement lui-même et, d'autre part, un instinct secret l'avertit qu'à se plagier ainsi lui-même, quand les peuples sont dans des circonstances nouvelles, il court des risques formidables.

Savez-vous ce que je veux dire, c'est que l'Allemagne, elle aussi, n'aurait qu'un salut, c'est d'organiser, à son tour, nationalement, démocratiquement, la nation armée pour avoir, dans l'hypothèse où elle aurait à faire front sur deux frontières à la fois, des ressources populaires contre un adversaire et contre l'autre. Mais, heureusement pour vous, messieurs, elle est encore moins capable que vous de comprendre et d'appliquer cette méthode. (*Applaudissements à l'extrême gauche et sur divers bancs à gauche.*) Elle a peur, plus encore que vous, de la nation armée; elle en a peur militairement. Ses chefs militaires, ses chefs issus de l'aristocratie ou d'une demi-aristocratie, se rappellent sans plaisir les événements de 1813; ils se rappellent sans plaisir que six ans, sept ans à peine après cette bataille d'Iéna où les vieux chefs, élevés à l'école de Frédéric, conduisaient la Prusse au plus abominable désastre; ils se rappellent que, sept ans après cet effondrement du militarisme officiel de la Prusse, c'est l'Allemagne populaire, c'est l'Allemagne des pauvres, c'est l'Allemagne des paysans, furieuse contre la domination de l'étranger, qui s'est levée, adjoignant dans le corps d'armée d'York, aux débris des vieilles troupes, 60 p. 100 d'hommes de la landwehr, de paysans ramassés dans les fermes et qu'on avait habillés de bleu, savez-vous pourquoi ? parce qu'on avait taillé leur uniforme bleu de soldat dans la redingote bleue que portaient le dimanche, pour aller au temple, les paysans de Silésie et de Poméranie. Et c'est avec leurs bidets, avec leurs chevaux de ferme, conduits avec un bridon, que fut organisée la cavalerie la plus intrépide qu'ait connue la vieille armée de Prusse. (*Applaudissements à l'extrême gauche et sur divers bancs à gauche. — Exclamations au centre et à droite.*)

A l'extrême gauche. — C'est de l'histoire !

JAURÈS. — Mais prenez les historiens les plus prussiens, les moins démocrates, les moins socialistes, prenez le national libéral Treischtke, vous verrez que c'est ainsi qu'il retrace les événements de 1813.

Certes, je ne dis pas qu'il n'y eut pas pour une part, sans doute, comme à Valmy, comme à Jemmapes, survivance d'une partie de la vieille armée, des officiers de la vieille armée, mais c'est le souffle ardent du peuple qui avait ranimé l'âme découragée des soldats ? (*Vifs applaudissements à l'extrême gauche et à gauche.*)

Eh bien, c'est un contraste que les chefs militaires, même ceux d'aujourd'hui, n'aiment pas, et les chefs politiques, non plus.

Ce mouvement militaire de 1813 ne fut pas seulement un mouvement national, il fut un mouvement démocratique et populaire. Et le peuple d'Allemagne, aujourd'hui encore, quand il revendique son droit politique, quand il revendique, au Landtag de Prusse, sa part de souveraineté, dit : C'est pourtant le peuple qui, en 1813, a contribué au moins à sauver l'Allemagne! Les chefs politiques n'aiment pas beaucoup cela. Ils se rappellent qu'en 1813 circulait dans les armées la parole d'un des chefs du mouvement d'alors, qui disait: « En Allemagne, il n'y a que deux puissances bonnes: Dieu et le peuple; tout ce qui est entre les deux ne vaut rien. » (*Applaudissements à l'extrême gauche et à gauche.*)

M. DRIANT. — Vous en avez supprimé une.

Jaurès. — Savez-vous enfin ce qu'il y a, au fond de cette défiance à l'égard des réserves, à l'égard du peuple armé, à l'égard de la nation armée?

C'est qu'au fond de l'âme subsiste le souvenir profond de la France, de la France révolutionnaire. Les uns, les hommes du peuple, l'adorent et la bénissent; et les autres, les dirigeants, il leur en coûte de penser qu'ils ont refoulé les Français du territoire, qu'ils ont pu même conquérir une partie du territoire de la France, mais qu'il y a une chose qu'ils ne feront jamais, c'est d'éliminer de leur histoire la part du génie révolutionnaire que la France y a inoculé. (*Vifs applaudissements à l'extrême gauche et à gauche.*)

C'est pour cela qu'ils ne veulent pas des réserves; c'est pour cela qu'ils ont peur de la nation armée; c'est pour cela que les dirigeants cherchent surtout leurs ressources d'avenir dans une armée de caserne, dans une armée qui rappellera beaucoup plutôt les traditions de l'ancien régime et du vieux Brandebourg que les souvenirs plus récents, plus démocratiques et plus ardents de la révolution populaire allemande.

C'est pour cela que les dirigeants ne veulent pas d'une armée qui se confondrait avec la nation et qui pourrait par conséquent, à certaines heures, n'être pas un rempart contre la nation.

Et alors, c'est à l'heure où, par esprit de routine, de réaction de conservatisme timide et étroit et de méfiance rancunière à l'égard du génie révolutionnaire de la France, c'est lorsque l'Allemagne officielle et condamnée par là à se traîner dans la routine d'un militarisme qui, pour une part, sera impuissant et contradictoire, c'est à cette heure-là que vous, vous allez plagier ce militarisme allemand. (*Applaudissements à l'extrême gauche et sur divers bancs à gauche.*)

La Couverture et l'Attaque brusquée

Eh bien, messieurs, vous vous trompez et vous vous trompez doublement. Cette Allemagne que vous allez copier tristement, platement, cette Allemagne-là, vous ne la connaissez pas bien ; car si elle a peur de la nation armée, si elle a peur de la formule des réserves hardiment et pleinement appliquée, elle a cependant, à l'allemande, des méthodes composites; et, à côté de son armée active, de son armée de caserne sur laquelle seule vous portez à cette heure toute votre clarté, elle s'apprête à faire jouer à ses réserves un rôle secondaire, un rôle inférieur à celui que, dans son intérêt même, elle pourrait et devrait leur faire jouer, mais un rôle pourtant assez important pour que vous, qui ne montrez à la France que le péril de l'armée de caserne elle-même vous meniez la France au bord d'un gouffre dont j'espère vous faire mesurer la profondeur.

Ah! M. André Lefèvre a dit que la Chambre se divisait en deux groupes, ceux qui voient le péril et ceux qui ne voient pas le péril.

Naturellement, M. André Lefèvre est du côté de ceux qui le voient. (*Sourires à l'extrême gauche.*) Mais je suis obligé de lui dire qu'il n'a pas vu cependant tout le péril, ni le vrai péril, ni le péril principal.

Ah! oui, les troupes de couverture; je ne méconnais pas le problème et je me félicite de voir que ces questions sont de plus en plus soumises à une analyse exacte.

Les troupes de couverture, quel en est l'objet? 1° essentiellement et à l'origine, elles n'étaient pas des troupas d'invasion, elles étaient des troupes d'incursion. Les 100.000 hommes, 110.000 hommes, 125.000 hommes prêts à partir au premier signal, sans attendre les réservistes, échelonnés tout le long d'une frontière assez étendue, avaient pour objet ou de pratiquer des raids en bordure du territoire ennemi ou de couvrir la bordure du territoire national contre des incursions de cet ordre.

Aux 120.000 hommes ou 125.000 hommes de troupes de couverture qu'en ce sens avait l'Allemagne nos 100.000 hommes, 125.000 hommes en comptant les troupes de forteresse, suffisaient largement. Ils suffisaient d'autant plus que, contre l'irruption des cavaliers ou des fantassins ennemis, contre cette sorte d'incursion fragmentaire, rapide et superficielle dont je parle, la ligne des forts et des forteresses constituait une barrière sérieuse. En avant de cette barrière, dans la bordure entre cette barrière de forteresses et la frontière même, les hommes, groupés comme le demande le général Maitrot, comme l'Allemagne du Sud l'avait fait par enrôlement de volontaires, dans l'hypothèse d'une invasion de Napoléon III, les forces locales, armées, entraînées, exercées, suffisaient, se joignant aux 105.000 ou 110.00 hommes de troupes de couverture et de forteresse, suffisaient à empêcher une incursion qui, d'ailleurs, eût-elle partiellement réussi, ne pouvait pas causer un dommage profond.

Ce n'est pas dans ces termes que les forces de couverture sont redoutables. Mais vous dites : l'Allemagne a pensé à autre chose et ce n'est plus 110, 115, 120.000 hommes, c'est 7 corps d'armée, 8 corps d'armée, 9 corps d'armée qui se mobiliseront, sans attendre leurs réservistes, et qui constituent non plus une force dispersée, fragmentaire, d'incursion, mais une force ramassée d'invasion et de pénétration qui sera d'abord d'environ 250.000 hommes et qui pourra se grossir successivement. Ah ! le problème ici devient plus complexe. Neuf corps d'armée qui se ramassent, qui n'attendent pas leurs réservistes. Si je lis les états publiés par les budgets allemands et par les statistiques allemandes, je ne trouve qu'un nombre infime de divisions qui aient porté d'emblée au plein de l'effectif de guerre leurs unités du temps de paix et, même portées à l'effectif fort, elles seront encore obligées d'incorporer un nombre appréciable de réservistes et même, comme vous l'a démontré M. le général Pédoya, après l'achat de 27.000 chevaux de plus, tous ces corps d'armée seront obligés d'incorporer encore un nombre considérable de chevaux.

Et M. le général Pédoya vous avait fait encore la partie trop belle, car il avait accordé que ces 27.000 chevaux nouveaux serviraient tous à grossir les effectifs en chevaux des batteries d'artillerie et à permettre ainsi une mobilisation presque immédiate d'un grand nombre de batteries d'artillerie.

Mais permettez, messieurs. Outre que le nouveau projet crée des unités nouvelles d'infanterie qui, si peu qu'elles absorbent de chevaux, en absorbent quelques-uns, outre qu'il crée de nouveaux bataillons du train, il crée en Wurtemberg et en Bavière de nombreux escadrons de cavalerie et il crée six régiments nouveaux de cavalerie.

M. le Rapporteur. — Trois.

JAURÈS. — Vous me dites « trois » et vous me rappelez, mon cher rapporteur, que le Reichstag, sur les six régiments de cavalerie proposés par le Gouvenement, en a rejeté trois. Mais permettez-moi de vous dire que dans le projet primitif, que j'ai là, dans mon dossier, quand le Gouvernement a proposé l'achat de 27.000 chevaux de plus, c'était à destination des six régiments de cavalerie qu'il prévoyait. Par conséquent, j'ai le droit de dire que des 27.000 chevaux que vous dirigiez tous vers les batteries d'artillerie, d'après les dires de M. Reinach, il faut défalquer ceux qui vont aux escadrons nouveaux et aux régiments nouveaux de cavalerie.

Donc, ces 250.000 hommes, ils ne se mobiliseront pas en un tour de main. Et puis, vous les ramassez en une armée. Mais cette armée où pénétrera-t-elle? C'est ici que je me permets d'invoquer de nouveau le témoignage du général Maîtrot, et je demanderai — j'espère que je l'obtiendrai pour la Chambre — puisque c'est sur des points techniques de cet ordre, c'est sur des alarmes techniques qu'on se fonde pour nous faire accepter, malgré les répugnances du pays, la loi de trois ans, je demanderai enfin qu'on s'explique et qu'on nous réponde par des chiffres précis et par des déclarations nettes. (*Applaudissements à l'extrême gauche et à gauche.*)

Je lis dans tous les travaux de nos généraux le nombre de jours minimum nécessaires pour que ces 250.000 ou 300.000 Allemands se mobilisent, et que dit le général Maîtrot? Il dit : s'il s'agit de forcer la frontière de Lorraine, de la forcer par surprise et avant qu'à l'abri de cette barrière de forteresses, les armées françaises aient pu se concentrer, s'il s'agit de cela, c'est impossible. La ligne des forts constitue une chaîne continue et infranchissable.

Et il ajoute que si l'on a pris les précautions élémentaires pour mettre ces forteresses en état de défense technique, moderne, scientifique, il n'y a pas de surprise qui puisse en avoir raison. (*Très bien! très bien! à l'extrême gauche et sur divers bancs à gauche.*)

Et il ajoute que tout le risque que court la France, à l'heure actuelle, c'est qu'une incursion vienne, sur le terrain de la riche plaine agricole et minière de la Woëvre, arrêter nos mines et saisir nos récoltes. Il dit qu'il suffirait d'armer un peu plus fortement certains points, vos hauts de Meuse...

M. Lefébure. — Très bien !

Jaurès. — ...pour que tout péril de cet ordre fût décidément écarté.

Messieurs, puisque nous avons ici des hommes techniques, nous avons le droit de leur demander si le général Maîtrot se trompe. (*Applaudissements à l'extrême gauche et sur divers bancs à gauche.*)

S'il ne se trompe pas, et s'il suffit en effet de quelques dispositions nouvelles, de quelques forteresses nouvelles en un ou deux points pour que l'extrême bordure — vous m'entendez bien — de notre territoire soit à l'abri de ces incursions soudaines et de ces raids improvisés, s'il en est ainsi, que l'on demande à la France de faire cet effort, de tenir ses forteresses en état, de mettre devant l'extrême frontière, les hommes armés du fusil sur tous les chemins et sentiers à eux connus par où pourrait pénétrer une irruption de hasard! Qu'on lui demande cela! Mais que l'on ne fasse pas planer sur elle, pour lui arracher une loi de réaction, une menace qui serait vaine! (*Vifs applaudissements à l'extrême gauche et sur divers bancs à gauche.*)

Mais le général Maîtrot fait une autre hypothèse. Il dit : Il y a un péril nouveau qui est né. Et il est né de l'excellence même des précautions que vous avez prises contre le péril d'hier.

Il raconte que le général Séré de Rivière, qui était à la fois un admirable ingénieur et un ingénieur tacticien, qui n'isolait pas le régime des forteresses de l'ensemble du problème tactique, avait ménagé tout le long de la frontière de l'Est un régime de forteresse de Verdun à Toul, de Toul à Epinal, mais que, dans cette ligne continue, dans cette digue continue, dans cette muraille de Chine, ou plutôt cette muraille de France, il avait laissé à dessein des brèches, notamment la brèche de Charmes entre Toul et Epinal, un passage de 50 à 60 kilomètres, par où et par où seulement l'ennemi pourrait passer. Et c'était une manière d'ingénieur de canaliser l'invasion, d'obliger l'ennemi à passer uniquement par une certaine route. Et nous, Français, ayant adopté résolument et logiquement jusqu'au bout le système de la défensive, nous les laissions passer, et puis ils étaient pris de flanc, ayant derrière eux nos forteresses et devant eux nos troupes concentrées sur une ligne qui avait permis à l'ensemble de nos forces de se réunir.

Mais, dit le général Maîtrot, après les incidents Schnœbelé, après l'émotion du pays, la France pensa qu'il valait mieux fermer ce passage. Elle l'a fermé par des forts nouveaux et maintenant la barrière de l'Est, la barrière française qui nous protège sur la ligne lorraine est devenue si forte que l'ennemi, désespérant de la forcer et de la surprendre, convaincu qu'il viendrait s'y briser ou qu'il serait obligé d'immobiliser là une grande partie de ses forces, a songé à tourner l'obstacle, à tourner la digue. C'est par la puissance invincible de résistance de notre ligne de forteresses de l'Est lorrain que le général Maitrot explique le déplacement graduel du centre offensif allemand vers le Nord-Est, vers la trouée de Stenay, vers la direction du Nord et de l'Argonne. En sorte que le péril n'est pas inévitable puisque, si les forteresses que vous avez construites sur la ligne de Lorraine sont à ce point inviolables, à l'abri de toute surprise, que l'ennemi, s'il veut nous envahir, est obligé de les tourner en longeant la Belgique, il vous suffirait de prolonger sur votre frontière du Nord une ligne de forteresses de même puissance pour être complètement à l'abri des surprises. (*Applaudissements à l'extrême gauche et sur divers bancs à gauche.*)

M. Lefébure. — Oui, il faudrait faire la même chose sur le Nord-Est.

Jaurès. — Messieurs, ce sont là, je le crains, des vérités d'évidence et quand un profane se mêle de stratégie, il n'a qu'une excuse, c'est de s'envelopper dans une obscurité si profonde qu'on ne perçoive pas son incompétence (*Sourires à l'extrême gauche*); je commets l'imprudence d'essayer de dire des choses élémentaires. Eh bien, messieurs, est-ce que cette hypothèse effraye le général Maîtrot, lui, le technicien des frontières? Il vous dit : faites prolonger votre réseau de forteresses et armez vos hommes de la frontière. Et combien de temps faut-il à l'armée allemande pour tourner ainsi votre ligne de forteresses de Lorraine, pour venir par le Luxembourg, du côté de Stenay? Le général Maitrot fait le compte des kilomètres, il fait le calcul des distances, il fait le calcul de la rapidité maximum de déplacement et il dit que c'est le seizième jour après la déclaration de guerre que, par ce détour forcé, les armées allemandes aborderont la frontière française. Et alors, la question qu'avec vous tous, j'en suis sûr, non pas seulement vous tous, républicains de gauche, adversaires de la loi de trois ans, mais vous tous partisans de la loi de trois ans, qui ne pouvez pourtant en imposer la charge au pays qu'en connaissance de cause, la question qu'avec vous tous je pose est celle-ci : « Est-ce qu'il n'y a pas d'autre moyen de défendre la France? (*Vifs applaudissements à l'extrême gauche et sur divers bancs à gauche.*)

Je demande au ministre de la guerre, je demande à ses conseillers techniques, je demande à ceux sur l'avis desquels on prétend imposer à ce pays la loi de trois ans...

M. DANIÉLOU. — Le général Maitrot, notamment.

M. GEORGES BONNEFOUS. — Le général Maîtrot, lui-même, en est partisan.

JAURÈS. — Je ne dis pas non, mais je demande si l'on adopte les faits qu'il constate — car enfin ce que je demande pour la Chambre, ce n'est pas, permettez-moi de vous le dire, quelque humilité intellectuelle que nous puissions manifester les uns et les autres, ce n'est pas qu'on nous apporte des conclusions toutes faites, je demande qu'on nous apporte des faits contrôlés et certains sur lesquels, en connaissance de cause, nous puissions former notre conviction. (*Vifs applaudissements à l'extrême gauche et sur divers bancs à gauche.*)

Et alors, quand je vois un homme de la conscience, de l'habileté, de l'expérience technique du général Maîtrot, un homme qu'on ne peut supposer capable de rassurer abusivement la France, puisqu'il accepte la loi de trois ans... (*Interruptions au centre.*)

Mais c'est une garantie même, messieurs. (*Applaudissements à l'extrême gauche et sur divers bancs à gauche.*)

Il est incroyable que vous ne compreniez pas que c'est précisément dans les écrits d'un partisan de la loi de trois ans que les faits qui tendent à rassurer la France contre certaines craintes par lesquelles on essaye de lui faire adopter hâtivement la loi de trois ans, il est incroyable que vous ne compreniez pas que c'est dans les écrits de cet homme que les faits dont je parle ont le plus d'autorité! (*Applaudissements à l'extrême gauche et sur divers bancs à gauche.*)

Dans tous les cas, on ne l'a pas accusé de s'être trompé.

M. SAMALENS. — L'argument peut se retourner.

JAURÈS. — Eh bien, vous le retournerez...

M. SAMALENS. — C'est facile. Le général Maîtrot est partisan du service de trois ans.

JAURÈS. — ...et quand vous l'aurez retourné, vous vous apercevrez que, sous sa face nouvelle, il a exactement la même signification. (*Applaudissements à l'extrême gauche et sur divers bancs à gauche.*)

Je dis que, de la part de l'état-major, de la part du ministre de la guerre, quand ont paru les études du général Maîtrot, il n'a pas été accusé d'erreur, il a été accusé d'indiscrétion, c'est-à-dire de vérité. (*Très bien! très bien! et rires à l'extrême gauche.*)

Et alors voici ce que je demande, messieurs, quand je me trouve en face de ces déclarations : la ligne actuelle des forts sur la région de l'Est ne peut pas être forcée. elle est si puissante que sa force même oblige l'ennemi à faire un détour et à porter plus haut, du côté du Nord-Est sa ligne d'invasion; de ce côté, il suffirait de forteresses nouvelles et de camps retranchés pour rendre aussi la ligne inviolable; en tout cas, l'adversaire y arrive le seizième jour, je demande alors et vous demandez tous avec moi...

Sur divers bancs à l'extrême gauche et à gauche. — Oui! oui!

JAURÈS. — ...si nous en sommes à ce point de désorganisation et d'incapacité qu'en seize jours nous ne puissions pas amener à la frontière toutes les forces nécessaires. (*Vifs applaudissements à l'extrême gauche et à gauche.*)

Ah! messieurs, on me disait tout à l'heure que mon argument se retournait contre moi; je ne sais pas en vérité comment; mais j'ai entendu l'autre jour dans le discours de M. André Lefèvre des arguments qui me paraissent se retourner singulièrement contre sa thèse.

M. ANDRÉ LEFÈVRE. — Je les retournerai.

JAURÈS. — Ah! il a parlé de la richesse, de la puissance des régions frontières qu'il prétend — je m'expliquerai tout à l'heure là-dessus — que j'abandonne sans combat à l'ennemi.

Oui! ce sont des régions d'une richesse extrême, d'une extrême puissance en hommes, en argent, en approvisionnements de toute nature et en voies ferrées, d'une puissance incomparable, car le général Maîtrot — encore — je vous demande pardon d'abuser ainsi de ses écrits, et je lui en demande pardon surtout à lui-même...

M. DRIANT. — Vous l'avez mal lu! (*Vives réclamations à l'extrême gauche.*)

M. DUCLAUX-MONTEIL. — C'est intolérable. Nous n'avons pas interrompu une seule fois!

M. FOURNIER SARLOVÈZE. — Il est bien permis de présenter une observation!

M. DRIANT. — Me permettez-vous une explication, Monsieur Jaurès?

JAURÈS. — J'accepte, Monsieur Driant.

M. DRIANT. — Jamais le général Maitrot n'a dit, Monsieur Jaurès, qu'une ligne de forteresses rendrait la France inviolable. Jamais on n'a cru qu'avec des forteresses on défendait un pays.

JAURÈS. — Avec des forteresses seules, non!

M. DRIANT. — Si vous avez lu le passage dans lequel il parle de l'invasion de la Woëvre, vous avez pu constater que le général Maitrot montre qu'avec quarante mille hommes seulement l'ennemi pénètre sur la Meuse et que, de l'autre côté, il détruit le chemin de fer de Lérouville.

JAURÈS. — Oui, si l'on ne prend pas des précautions qui, d'après lui, ne coûteront pas plus de 5 millions et quelques jours de travail. (*Applaudissements à l'extrême gauche et sur divers bancs à gauche.*)

M. CHARLES DANIÉLOU. — Et trois ans de service! (*Exclamations à l'extrême gauche et sur divers bancs à gauche.*)

M. DRIANT. — C'est avec une armée qu'on défend un pays; ce n'est pas avec des forteresses seulement.

JAURÈS. — M. Driant ne pourra pas contester que M. le général Maîtrot dit : Si les Allemands veulent porter de ce côté — et ils y sont condamnés — le centre de gravité de leur offensive, tant mieux; car il n'y a pas de région où la France dispose, pour une mobilisation rapide, d'un système de voies ferrées aussi puissant et aussi efficace que la région du Nord. (*Très bien! très bien! à l'extrême gauche.*)

Et alors je dis à M. Lefèvre : Oui ce sont des régions d'une force, d'une richesse incomparables, riches en hommes, en argent, en magasins, en provisions, en greniers, en récoltes, en voies ferrées; et il serait déplorable de les livrer sans combat ou de les livrer à l'ennemi. Mais précisément parce qu'elles sont riches, parce qu'elles sont denses, mon cher collègue, à raison même de cette densité humaine et de cette densité économique, elles offrent, pour l'organisation rapide de la résistance, pour la défense brusque opposée à l'attaque brusquée, elles offrent des moyens incomparables. (*Applaudissements à l'extrême gauche et sur divers bancs à gauche.*) Et laissez-moi vous dire, après M. Augagneur, que nous commettons une faute singulière en n'inscrivant pas à notre compte un actif dont nous subissons le passif.

C'est chose grave, pour un pays comme la France, d'avoir sa capitale à une aussi faible distance de la frontière. (*Très bien! très bien!*) Ce n'est pas que la capitale, même Paris, dans un pays qui ne voudrait pas mourir, pût être comparé au cœur d'un organisme. Quand le cœur est frappé, l'organisme est mort et il faut que la France fasse le serment si, par une horrible surprise du destin, Paris pouvait, dans une hypothèse épouvantable, être atteint de nouveau, de le reprendre et de l'arracher à l'ennemi. (*Applaudissements répétés.*)

Mais enfin, c'est chose grave, en effet, et redoutable, pour un pays, que sa capitale soit à 400 kilomètres, à 300 kilomètres sur quelques points, de la frontière. Oui, c'est une faiblesse; c'est une faiblesse si vous laissez cette capitale à l'état inerte, expectant et passif; mais si vous avez confiance dans le peuple, si vous l'organisez en unités constituées sur place et prêtes à marcher au premier son du tocsin de la guerre, si vous profitez de cette proximité redoutable pour lancer vers la frontières toutes ces forces irrésistibles, la voilà votre couverture. (*Vifs applaudissements répétés à l'extrême gauche et à gauche.*)

A ce moment, la séance fut terminée. Jaurès, le lendemain matin, continua le développement de son discours. Son succès ne devait pas être moins vif dans cette deuxième étape de sa démonstration.

L'Offensive allemande de masses

Jaurès. — Messieurs, j'ai essayé, hier, d'analyser le problème de la couverture et de définir ce qu'on entend par attaque brusquée et j'espère que, sur ce point, nous obtiendrons, la Chambre obtiendra du ministère de la guerre les précisions et les éclaircissements nécessaires.

Mais ce que je voulais marquer, ce que je veux marquer pour la Chambre et, s'il m'est permis de le dire, pour le pays, c'est que, en concentrant toute son attention sur le problème de la couverture, sur le péril de l'attaque brusquée, on risque de lui faire perdre de vue un problème beaucoup plus grave et un péril beaucoup plus grand.

Messieurs, de tous les témoignages, de tous les documents qui peuvent nous éclairer sur la pensée allemande, il résulte que l'Allemagne ne veut pas seulement procéder à ce qu'on appelle une attaque brusquée, mais qu'elle veut procéder à une attaque de masse. Oui, le mouvement offensif le plus rapide possible !... mais avec des effectifs dont on espère qu'ils seront supérieurs numériquement aux nôtres. Je dis que cela éclate dans tous les écrits des théoriciens allemands et qu'autant ils répugnent à la grande conception de la nation armée, à la pleine et intégrale utilisation des réserves, autant ils étudient des combinaisons par lesquelles leurs classes de réserve les plus jeunes s'ajouteront dès la première heure à leurs effectifs de caserne pour une tentative d'invasion.

Songez, messieurs, qu'avec le chiffre des contingents allemands annuels, il suffit à l'Allemagne d'ajouter deux de ses classes de réserve les plus jeunes à ses effectifs de caserne mobilisés pour qu'elle puisse mettre en ligne contre nous, 14, 15 et 1.600.000 hommes. C'est là le véritable problème, c'est là la véritable hypothèse, c'est là le véritable péril. (*Très bien! très bien! à l'extrême gauche et sur divers bancs à gauche.*)

Relisons les maîtres de la pensée militaire allemande, et nous verrons que tous, quelles que soient leurs divergences, quels que soient leurs antagonismes techniques, que ce soit le général de Falkenhausen, ou que ce soit le général de Bernhardi, ils sont d'accord pour dire que c'est une opération de masses que l'Allemagne doit se proposer dès le début.

Le général de Falkenhausen? Il est pour les opérations de masses afin de tourner l'adversaire, de le déborder, et, dans le schéma que, sous forme de jeu de guerre, dans un livre qui a eu en Allemagne le plus grand retentissement, il a tracé, il met en ligne dans la bataille même, dans la bataille décisive, 1.300.000 hommes, et il indique que les réserves allemandes doivent, pour une part, marcher dès la première heure et figurer au premier front du combat.

Le général de Bernhardi? Quoiqu'il affecte d'accorder à la masse, à l'élément numérique, moins de valeur que le général de Falkenhausen, il insiste cependant, selon les leçons du maître commun des stratèges et théoriciens militaires de l'Allemagne, selon les leçons de Clausewitz, sur cette idée qu'il faut à coup sûr brusquer l'offensive, qu'il faut à coup sûr engager le plus rapidement possible les batailles décisives, mais qu'il faut les engager avec toutes ses forces, qu'il vaudrait mieux ajourner, retarder les premiers engagements que de n'y pas donner d'emblée tout le poids de la masse. Et le général de Bernhardi pousse si loin sa thèse que, bien loin de dire que les opérations commenceront par une forte avant-garde graduellement rejointe par des éléments nouveaux, il dit que c'est au début de la guerre, que c'est dans sa première phase que toute la masse sera mise en mouvement. Plus tard, quand les opérations se prolongeront, quand il faudra assurer sur les derrières de l'armée colossale, la vie de la nation, sa vie économique, une partie des hommes qui auront pris part aux premiers engagements seront congédiés et retournés vers le pays.

Ainsi, tandis qu'on nous présente la stratégie allemande comme une stratégie d'offensive improvisée, hâtive, partielle, qui sacrifiera à l'effet de surprise, l'effet de masse, tous les stratèges, tous les théoriciens de l'Allemagne sont d'accord pour porter d'abord au maximum l'action de masse, sauf à le relâcher dans la suite des opérations pour répondre aux nécessités chroniques et permanentes de la vie économique.

Mais, messieurs, prenez garde. Dans les manœuvres aussi, dans les manœuvres allemandes, se marque cette préoccupation de l'Allemagne. Il n'y a pas de grandes manœuvres allemandes où les réservistes ne soient convoqués et employés sous deux formes: les uns portent à un effectif plus élevé les bataillons déjà constitués, les autres constituent des bataillons exclusivement formés de réservistes. Il y a eu des régiments, ceux qui n'étaient pas encore à trois bataillons, où ce sont des réservistes, aux dernières manœuvres, qui ont formé à eux seuls le troisième bataillon. Et il n'y a pas de corps d'armée aux manœuvres où il n'y ait au moins une brigade, quelquefois deux brigades, formées exclusivement de réservistes. Et dans la loi nouvelle, dans la loi des armements, croyez-vous que l'Allemagne n'ait eu comme objet que de grossir son effectif de caserne? Croyez-vous que c'est seulement pour prendre 50.000 hommes de plus tous les ans dans ses casernes, pour avoir 100.000 ou 120.000 hommes de plus dans ses casernes, croyez-vous que c'est uniquement pour cela qu'elle renforce ses armements? Non, c'est pour avoir d'une façon durable un plus grand nombre de soldats instruits. Permettez-moi de vous le dire, messieurs, la loi allemande, elle est efficace, car elle prend tous les ans 60.000 hommes qui n'étaient pas instruits et elle les instruit. Ce n'est pas un simple changement d'étiquette comme dans votre loi. (*Applaudissements à l'extrême gauche et sur divers bancs à gauche.*)

L'Allemagne ne se borne pas à prendre un homme

classé réserviste, un réserviste sorti à peine depuis quelques mois de la caserne et à en faire un encaserné de troisième année; non, elle prend 50.000, 60.000 hommes tous les ans, qui ne recevaient aucune éducation militaire et elle les éduque, et ce n'est pas seulement, comm on nous l'a dit depuis quelque temps, une préoccupation d'effectifs de caserne à mobiliser immédiatement qui l'a guidée. Lisez, messieurs, le rapport du député du Reichstag qui a rapporté la loi, lisez le rapport du député Erzberger et vous y trouverez...

M. ALBERT POULAIN. — Ils ne le connaissent pas !

JAURÈS. — ...comme argument essentiel, sinon unique, qu'en éduquant tous les ans 60.000 hommes de plus, l'Allemagne se prépare, dans les dix ans qui vont venir et avec les inévitables déchets que subissent les hommes, elle se prépare une force complémentaire de 590.000 soldats de plus éduqués.

Ainsi, ce qui la préoccupe dans sa loi même, ce n'est pas seulement, ce n'est pas surtout d'avoir immédiatement disponibles dans ses casernes 100.000 hommes de plus, c'est de pouvoir, dans un avenir prochain, et si venait l'heure des grands conflits, où l'Allemagne serait tenue d'agir avec toute sa masse, c'est d'avoir 500.000 soldats éduqués de plus.

Vous voyez donc bien que ce qui les anime malgré tout, si c'est bien le souci de procéder à une offensive rapide, ce n'est pas à une offensive incomplète et téméraire.

Messieurs, si je disais toute ma pensée, je dirais que probablement l'état-major allemand sourit avec une joie profonde de la naïveté par laquelle nous donnons à l'hypothèse d'une attaque brusquée avec un petit nombre d'hommes une place de premier rang, alors que nous paraissons méconnaître la préparation profonde des masses qu'elle mobiliserait dès la première heure. (*Applaudissements à l'extrême gauche et sur divers bancs à gauche.*)

Et faites bien attention que les théoriciens allemands entrent dans des précisions de stratégie quant à l'emploi de ces masses.

Le général von Bernhardi ne cesse de dire : « La masse d'une armée rend les opérations manœuvrières plus difficiles, plus pesantes, mais elle ne les interdit pas; elle les oblige seulement à prendre des formes nouvelles; et, tandis qu'autrefois, avec des armées plus réduites, c'est la convergence d'action des corps d'armée qu'avaient à organiser les stratèges, maintenant, avec des masses plus fortes, mais sur des espaces plus vastes, ce sera la convergence de grandes armées. »

Et le général von Bernhardi cite deux hypothèses : l'hypothèse d'une invasion en Russie par deux grandes armées allemandes qui se rejoindraient à un point déterminé, et l'hypothèse d'une offensive contre la France.

Ah! il ne s'agit plus là d'une irruption, d'un raid de

cavalerie, d'une surprise avec quelques éléments rapidement mobilisés! L'hypothèse qu'étudie le général von Bernhardi pour montrer la possibilité de la manœuvre avec le maniement des grandes masses, c'est l'hypothèse où une partie importante des forces allemandes, nous attaquant sur notre front de Lorraine, nous obligerait à fixer là une partie de nos forces, alors qu'une autre masse allemande nous tournerait par Trèves et par le Luxembourg.

Ainsi, messieurs, l'Allemagne prévoit l'utilisation de masses articulées, de masses groupées en armées distinctes mais convergentes.

Une pareille stratégie, définie par eux, étudiée par eux, préparée par eux suppose le maniement de masses énormes. Si vous vous bornez à étudier, à prévoir et à parer l'hypothèse d'une irruption soudaine de 250.000 hommes de couverture, ou d'une attaque brusquée avec des effectifs réduits, si vous ne vous mettez pas en face de la véritable hypothèse : l'Allemagne méthodique, l'Allemagne pénétrée de l'esprit d'offensive, mais qui ne cesse de répéter que l'offensive ne doit débuter que lorsqu'on a groupé toutes ses forces, l'Allemagne qui étudie la stratégie des masses, si vous méconnaissez ce véritable péril, cette véritable donnée du problème, vous aurez affolé la nation sur des périls de surface et vous lui aurez caché les périls réels. (*Vifs applaudissements à l'extrême gauche et sur divers bancs à gauche.*)

Messieurs, s'il en est ainsi — et on ne peut pas douter

qu'il en soit ainsi — quel est votre devoir? C'est contre l'invasion massive, de préparer la résistance massive.

Et vous entendez bien qu'il ne nous suffirait pas de jeter rapidement au-devant des masses allemandes organisées vos effectifs de casernes, il ne suffirait même pas d'y jeter ce qu'on appelle aujourd'hui l'armée active de première ligne. Si vous ne voulez pas être débordés, si vous ne voulez pas être réduits à ne disposer que d'une armée contre l'Allemagne disposant de deux armées énormes et convergentes, si vous ne voulez pas cela, ce n'est pas seulement vos effectifs de casernes, ce n'est pas seulement votre armée de première ligne et vos quatre classes les plus jeunes de réserve, c'est la totalité de la force virile de ce pays qu'il faut mettre en mouvement. (*Applaudissements à l'extrême gauche et sur divers bancs à gauche.*)

Voilà le problème, messieurs; et c'est pourquoi depuis des années, suivant — ah! oui, je suis un laïque, — mais suivant avec une attention passionnée le mouvement de pensée et d'organisation qui se produit de l'autre côté de la frontière, voilà pourquoi je ne cesse de dire: c'est la totalité de vos forces combattantes et organisées que vous devez vous préparer à mettre en ligne dès la première heure. Et c'est pour cela que j'ai réagi contre l'hypothèse d'une hâtive et imprudente concentration à notre extrême frontière; c'est pour cela que j'ai dit : couvrons notre frontière, couvrons-la par des forteresses, couvrons-la par la mobilisation de tous les hommes des marches de l'Est, des marches du Nord ; mais si l'ennemi, ayant pris l'avance, ayant pris l'initiative de la déclaration de guerre, a sur vous une avance d'un jour ou deux, ne recommencez pas la folie de Napoléon III jetant ses armées dispersées et incomplètes dans la gueule même du loup, et opérez avec sang-froid, comme il convient à un grand peuple, votre concentration de telle manière qu'elle soit à l'abri de ces surprises.

Voilà ce que j'ai dit. (*Vifs applaudisssments à l'extrême gauche et sur divers bancs à gauche.*)

Concentration en arrière ?

Pour l'avoir dit, pour avoir, d'ailleurs, repris en ce point ce qui était la pensée de vos chefs à l'époque de l'Assemblée nationale, après la guerre, quand c'est à l'organisation méthodique de la défensive que la France songeait, pour avoir dit cela, j'ai été accusé dans la presse — et j'ai retrouvé dans le discours courtois de M. André Lefèvre, un écho à peine atténué de ces polémiques — j'ai été accusé de vouloir livrer sans défense...

ALBERT POULAIN. — Cela n'a pas d'importance.

JAURÈS. — Mais si! mon cher Poulain, il y a toujours, malgré tout, importance à redresser à cette tribune....

ALBERT POULAIN. — Pas ces calomnies !...

JAURÈS. — ...quelques-unes des inepties que l'on débite contre nous. (*Applaudissements à l'extrême gauche et sur divers bancs à gauche.*)

J'ai été accusé, dis-je, de vouloir livrer sans défense la Champagne, la Bourgogne, les départements du Nord, et l'on a dit que mon rêve, ma conception géniale, c'était de concentrer tous nos efforts dans le grand triangle national Moret, Montereau, Fontainebleau ou même dans le Morvan. Ainsi, je livrais, en effet, le Nord et l'Est de la France, les provinces les plus riches! Et M. André Lefèvre, qui a un génie de calculateur, a fait le bilan de tous les milliards, de tous les hommes, de toutes les cités, de tous les villages que je livrais à l'ennemi, sans défense. (*Applaudissements à l'extrême gauche et sur divers bancs à gauche.*) Eh bien, j'ai cherché quelle était l'origine de cette légende. Elle est dans un discours de M. Joseph Reinach. (*Rires à l'extrême gauche.*)

C'est lui qui, dans le débat sur la loi des cadres, a dit à cette tribune que je voulais abandonner, non pas sans combat, assurément, en la disputant pied à pied, mais enfin abandonner cette immense étendue de territoire; c'est lui qui a appris au monde que je voulais d'abord concentrer nos forces dans le triangle stratégique Moret, Montereau, Fontainebleau. Il a eu même l'aimable pensée d'ajouter que si, du temps de la Convention, je m'étais risqué à une pareille hypothèse, l'échafaud aurait été mon habitation prochaine. (*On rit.*) Car les hommes d'ordre, de douceur et de civilisation prodiguent volontiers contre nous les menaces d'emprisonnement, de fusillade et de guillotine. (*Applaudissements à l'extrême gauche et sur divers bancs à gauche.*)

Or, dans mon livre sur l'*Armée Nouvelle*, dans l'exposé des motifs de ma proposition de loi, il n'y a qu'un passage, à la page 97, un seul passage, où il soit question du triangle Moret, Montereau, Fontainebleau; on n'en trouvera pas d'autre. Et ce n'est pas dans un texte de moi, c'est dans une citation que je discute, que je critique et que je réfute. (*Exclamations et applaudissements à l'extrême gauche et sur divers bancs à gauche.*) C'est charmant !

Le texte, messieurs, de qui est-il ? Si ce crime de l'abandon d'une aussi large partie du territoire national a été commis, par qui l'a-t-il été? Pas par moi; par le capitaine Gilbert! c'est-à-dire par un homme qui a été considéré, quand ses études ont paru en 1888, 1890, 1891, dans la *Revue nationale* de Mme Adam, comme l'éducateur des nouvelles générations militaires.

Je sais, messieurs, ce que sa mort précoce, ce que le stoïcisme tranquille de ce jeune homme cloué sur son lit de maladie par la paralysie, et suivant par la pensée tous les efforts de régénération de l'armée française, je sais ce que ce stoïcisme a laissé de souvenirs, d'admiration attendrie dans l'esprit de l'armée. (*Très bien! très bien!*) Récemment, M. le général Bonnal lui rendait le témoignage qu'il avait été, malgré l'humilité de son grade et la brièveté de sa carrière, l'éducateur, l'excitateur des esprits dans l'armée. Eh bien, s'il y a un coupable, c'est lui, car le passage est de lui.

Mais qu'a-t-il dit lui-même, messieurs? Il se préoccupe d'organiser l'utilisation complète de nos forces; il demande, avant tout, que la France n'engage les opérations décisives qu'avec toutes ses forces, il dit :

Pour les grandes actions qui suivront de près le premier déploiement, il faut partir avec tous ses moyens, et seulement quand on est disposé, sauf à retarder jusqu'à ce moment l'action décisive en prenant du champ en arrière et en se formant à la plus grande distance de l'adversaire. Cette loi est la condamnation des armées de réserve.

Gilbert n'entend pas du tout par là des armées de réservistes; il entend par là, au contraire, des armées qu'on garde en deuxième ligne, pour les utiliser ensuite comme réserve stratégique. Il demande donc qu'il n'y ait pas d'armée de réserve, c'est-à-dire que les réservistes combattent immédiatement au premier plan. (*Applaudissements à l'extrême gauche.*)

Il n'y a pas d'exemple — c'est Gilbert qui parle — d'armée battue qui, le jour suivant, ait été ramenée à la victoire par de fortes réserves.

En 1870, si les armées de Wœrth, de Metz et de Sedan, au lieu de se présenter successivement au choc des forces ennemies, avaient été formées côte à côte et plus en arrière, sur la Haute-Moselle, par exemple, leur action simultanée eût pu modifier la face des événements.

Il précise avec force... — écoutez, messieurs, c'est Gilbert, ce n'est pas moi, ce n'est pas moi pauvre laïc calomnié (*Rires et applaudissements à l'extrême gauche*), c'est Gilbert. Il précise avec force :

En toute occasion, il faut nous inspirer de cette pensée saine de Clausewitz, que le territoire n'est rien ou peu de chose...

(*Mouvements divers*) — je ne discute pas, je cite —

...et qu'il y a peu d'inconvénient à en sacrifier momentanément une certaine étendue, pour frapper des coups décisifs. A ce prix seulement, nous appliquerons, avec l'énergie brutale qu'il réclame, ce principe tout puissant et toujours méconnu de l'union absolue des forces.

Je ne discute pas si, par le double emploi des forteresses, arrêtant le premier flot de l'envahisseur et par des procédés techniques modernes et scientifiques de mobilisation, on réduira au minimum cette marge première.

Mais enfin, c'est Gilbert qui parle, et voyez comme il est préoccupé d'utiliser toutes les forces combattantes d'emblée, en première ligne, puis les forces des hommes plus âgés, ce que l'on appelait alors la territoriale — qui comprenait, il est vrai, une partie des hommes qu'on classe aujourd'hui dans la réserve. Mais enfin ce sont des hommes de territoriale qu'il veut occuper aussi dès la première heure. —Et quel est le rôle qu'il leur assigne? C'est de construire en deuxième ligne des fortifications improvisées qui, si l'armée de première ligne, l'armée de combat est battue, fourniront, pour la prolongation de la résistance, jusqu'au dernier souffle, des points d'appui et des abris. C'est dans cette hypothèse qu'il a écrit la phrase dont je porte encore tout le poids :

En cas de revers, des régions entières telles que le Morvan ou le triangle stratégique Montereau-Moret-Fontainebleau, peuvent être ainsi préparées pour recueillir les armées battues et remplacer cette seconde ligne de défense que nous avons renoncé à constituer de façon permanente.

Voilà le paradoxe, l'erreur de citation au double degré : on m'impute à moi une opinion de Gilbert et on impute à Gilbert une opinion absolument contraire à celle qu'il exprime. (*Applaudissements à l'extrême gauche et sur divers bancs à gauche.*)

Je ne me fais aucune illusion. Je sais quelle est la ténacité des légendes calomnieuses, je sais que le *Temps*, que l'*Écho de Paris*, tous les journaux qui, tous les jours, colportent contre moi cette légende, je sais, je suis sûr qu'ils n'y renonceront pas, et c'est précisément parce que les hommes qui sont ici, les hommes sérieux, comme M. Joseph Reinach, doivent savoir par expérience que, lorsqu'une légende calomnieuse de cette sorte est lancée dans la presse, il est impossible de la révoquer, impossible de la rappeler...

Albert Poulain. — On n'aura pas le courage de le faire.

Jaurès. — ...c'est pour cela que nous devrions procéder, les uns à l'égard des autres, dans l'interprétation et la définition de notre pensée et dans les citations de nos œuvres, avec un peu plus de scrupule. (*Vifs applaudissements à l'extrême gauche et sur divers bancs à gauche.*)

Un membre de l'extrême gauche. — Vous reconnaissez votre erreur, Monsieur Lefèvre ?

M. André LEFÈVRE. — Il y a un point que je voudrais établir tout de suite...

JAURÈS. — Je vous en prie.

M. André LEFÈVRE. — J'entends, en effet, prononcer mon nom à propos de cette citation...

JAURÈS. — Ce n'est pas vous qui l'avez faite.

BARTHE. — M. Jaurès vous dit, monsieur Lefèvre, que c'est M. Joseph Reinach.

JAURÈS. — J'ai dit, monsieur Lefèvre, que j'avais cru surprendre dans votre discours, d'ailleurs très courtois, que vous aviez pu vous-même, dans une certaine mesure, être induit en erreur par cette citation de M. Reinach. Je n'ai pas dit autre chose.

A l'extrême gauche. — Et Reinach ? et Reinach ?

M. LE PRÉSIDENT. — Je dois dire à la Chambre que M. Joseph Reinach, s'étant trouvé souffrant à l'issue de la séance d'hier, m'a prévenu qu'il ne lui serait pas possible de se rendre à la Chambre ce matin.

JAURÈS. — Je ne dis rien à l'égard de M. Reinach qui ne puisse être dit soit en sa présence, soit en son absence. (*Applaudissements à l'extrême gauche.*) Il a, comme moi, le droit d'être souffrant à ses heures. S'il n'avait que ce défaut... (*Rires à l'extrême gauche.*)

Bernard CADENAT. — Nous aurions bien dû être souffrants, nous aussi, quand nous sommes intervenus en sa faveur. (*Mouvements divers.*)

JAURÈS. — C'est là, permettez-moi de le dire, un des moindres exemples de l'esprit de légèreté et d'improvisation avec lequel tout le problème a été abordé, et je suis sûr que, lorsque M. Joseph Reinach a abandonné toutes les affirmations qu'il prodiguait depuis cinq ans, six ans, sur l'organisation démocratique nouvelle, pour improviser en quelques jours le projet des trois ans, il a procédé là — mais avec un dommage bien plus grand, car ce n'est plus ma personne, c'est la patrie elle-même qui va en souffrir (*Applaudissements à l'extrême gauche et sur divers bancs à gauche*) ; il a procédé là avec la même légèreté et la même facilité d'improvisation superficielle que nous avons signalée chez d'autres. (*Nouveaux applaudissements sur les mêmes bancs.*)

Et bien, messieurs, je reviens à ma conclusion essentielle...

M. LE HÉRISSÉ, *président de la Commission de l'armée.* — La vérité c'est qu'on nous prête aux uns et aux autres quantité de défauts, qu'on nous lance quantité d'accusations que nous ne méritons pas; parce que nous sommes tous ici de braves gens et de bons Français. (*Très bien! très bien!*)

Gustave ROUANET. — Ne vous plaignez pas, on vous glorifie!

THIVRIER. — M. de Mun a tout de même demandé qu'on nous arrête. (*Mouvements divers.*)

JAURÈS. — Mon cher et optimiste président, nous verrons si la presse qui, depuis des mois, a colporté en France contre moi cette légende aura la probité de la rectifier. (*Applaudissements à l'extrême gauche et sur divers bancs à gauche.*)

La masse de la Défensive française

Mais je passe et j'ai hâte de revenir à l'objet de ma démonstration. Ma conclusion essentielle et nécessaire, c'est que, contre cette masse de l'offensive allemande, il faut que vous organisiez la masse de la défensive française. Vous ne le pouvez, je vous le répète, qu'en utilisant pour vos formations de première ligne non seulement vos soldats de caserne, non seulement vos quatre classes de réservistes que vous incorporez ou que vous dites incorporer dans vos régiments de l'armée active, mais les sept classes plus anciennes.

Il faut que, de vingt ans à trente-quatre, tout ce qui

a, dans ce pays, une force jeune, une force virile, puisse aller, dès les premiers jours, à la frontière à la disposition des chefs qui manœuvreront contre l'adversaire toutes ces grandes masses en grandes armées distinctes, mais coordonnées. (*Très bien! très bien! à l'extrême gauche et sur divers bancs à gauche.*)

Eh bien, messieurs, ces réserves, ne pouvez-vous pas les employer ? Ces réserves, n'avez-vous pas confiance en elles ?

Permettez-moi de vous dire que la question de leur valeur ne se pose même plus, vous m'entendez.

La discussion sur la valeur relative de ces réserves, elle est maintenant vaine. Vous en avez besoin. Même si elles n'avaient pas le degré de valeur que vous leur avez accordé jusqu'ici, même si elles ne pouvaient pas atteindre le degré de valeur éminente que vous pourriez leur donner par un encadrement sérieux et par une organisation efficace, vous en avez besoin.

Vous ne pouvez pas vous résigner d'avance à une infériorité numérique de 5, 6 ou 700.000 hommes en présence d'une armée fortement organisée et entraînée comme l'est l'armée allemande. (*Très bien! très bien!*)

Ces réserves, moi j'y ai foi.

On a beaucoup discuté, ces jours-ci, à propos des réserves bulgares, des réserves serbes. Après tout, elles ont tous les défauts que leur prête M. Benazet, tous les demi-défauts que leur prête M. Messimy. Mais enfin, non seulement elles ont été victorieuses, mais elles ont été victorieuses d'emblée, par un magnifique élan de la première heure. (*Applaudissements.*)

Il y a, dans ce débat, d'ailleurs, une singulière confusion. De quelles réserves ont pu parler, s'ils en ont parlé, les généraux bulgares ?

Il est déjà si difficile, messieurs, vous l'avez vu, de traduire exactement la pensée d'un Français qui siège à un autre banç que nous (*Sourires*) que je suis en droit de me méfier un peu de l'exactitude des clichés que M. Messimy et M. Benazet ont pu rapporter de conversations bulgares.

Mais enfin, qu'ont dit les généraux bulgares ? Que les formations composées uniquement de réservistes et de ces réservistes âgés, remarquez-le, réservistes entre quarante et quarante-cinq ans, qui n'avaient pas reçu la nouvelle éducation militaire bulgare qui remonte à quinze ou dix-huit ans, ils vous ont dit que ces formations exclusivement composées de réservistes âgés qui n'étaient même pas habillés, j'entends qui ne portaient même pas d'uniformes, elles ont pu avoir besoin de quelques semaines ou de quelques jours pour se constituer, se reconnaître. Mais dans l'armée combattante de première ligne, dans l'armée de Kirk-Kilissé, dans l'armée de Lüle-Bourgas, dans les formations d'active, vous entendez, quelle était la proportion de réservistes, mes chers collègues ? Il y avait, non pas, comme dans notre armée de première ligne à nous, une moitié de réservistes et une moitié de soldats de caserne, mais, pour un soldat de caserne, quatre réservistes. (*Très bien! très bien! à l'extrême gauche et sur divers bancs à gauche.*) Voilà la proportion de la partie des réserves bulgares qui est absolument incontestée, même par les généraux auxquels elle a donné la victoire. (*Sourires et applaudissements à l'extrême gauche et sur divers bancs à gauche.*)

Eh bien, messieurs, pour la Serbie, c'est plus caractéristique encore : six réservistes pour un soldat de l'active.

Si vous appliquiez cette proportion, messieurs, dans l'amalgame de vos régiments, de vos forces de caserne et de vos forces de réserve, vous encadreriez la presque totalité de vos classes de réserve, même les sept plus anciennes, dans vos régiments de l'active.

Mais qu'avons-nous besoin d'insister sur ces controverses balkaniques et bulgares, qu'avons-nous besoin de consulter les notes de voyage un peu hâtives qu'ont rapportées quelques-uns de nos collègues qui ont eu cette bonne fortune de pouvoir faire rapidement des milliers de lieues et de rapporter exactement à Paris l'opinion qu'ils avaient emportée là-bas ? (*Applaudissements et rires à l'extrême gauche et sur divers bancs à gauche.*)

C'est une admirable preuve de la clairvoyance et de la précision prophétique de leur esprit, mais, qu'en avons-nous besoin ? Il y a l'exemple de l'Allemagne. Vous le citez toujours, mais vous savez bien que les armées victorieuses, les armées de la Prusse, d'abord, en 1870, les armées de l'Allemagne, de tous les pays d'Allemagne, en 1870, comprenaient, par application du régime de la loi de 1861, une forte proportion de réservistes et cela, sous les deux formes, je le répète et je le précise; il y avait d'abord, des réservistes dans les régiments que l'on appelle les régiments actifs; ils constituaient à peu près la moitié; puis, il y avait des régiments de landwehr, formés exclusivement, vous m'entendez, de réservistes, sans un seul soldat de l'active et qui ont été engagés, en 1866 comme en 1870, dès les premières opérations. En 1866, ceux des landwehriens qui gardaient les places ont été mobilisés immédiatement vers le front, et c'est à des territoriaux que la garde des places a été confiée, et en 1870, sur 396 bataillons d'infanterie mobilisés par l'Allemagne, il y avait 320 bataillons mixtes, formés de soldats de caserne et de réservistes par portions à peu près égales et 52 bataillons de landwehr — vous pouvez en relever les chiffres dans les publications officielles du grand état-major allemand — 52 bataillons de landwehr constitués exclusivement par les landwehriens. Et c'est cette armée, dans laquelle les régiments mixtes comprenaient une moitié de réservistes et avaient à côté d'eux des régiments pris exclusivement dans la landwehr, c'est cette armée qui a fourni, dès les premiers jours, le magnifique effort de Reichshoffen, de Forbach et de Saint-Privat!

Et messieurs, je lisais ces jours-ci, dans le livre que M. Bapst, héritier des souvenirs, des papiers du maréchal Canrobert, vient de publier sur la bataille de Saint-Privat cette bien suggestive anecdote : Au soir de Rezonville, quand le maréchal Bazaine donna l'ordre de la retraite, le général Bourbaki, averti par son instinct de soldat et peut-être aussi par sa nervosité, aborda le maréchal Canrobert et lui dit cette parole : « Maréchal, la France est perdue. Sa meilleure armée vient d'être battue par les réservistes prussiens. »

Je demande à l'armée d'aujourd'hui de se rappeler ces paroles. (*Applaudissements à l'extrême gauche et sur divers bancs à gauche.*) Je demande que nous, démocratie, nous, France républicaine, nous pour qui la levée en masse et l'organisation de la nation armée sont une tradition d'histoire et je dirai presque une tradition d'histoire de famille, je demande que nous, qui ne sommes pas voués à l'aventure des guerres dynastiques, qui pouvons nous promettre, si nous le voulons, de n'avoir d'autres guerres que celles que nous soutiendrons pour l'indépendance du pays, je demande que nous, par conséquent, qui, à l'heure du péril, pourrons dire à tous les citoyens de France, à des millions de citoyens de France : « ce n'est pas pour un monarque, ce n'est pas pour une caste, ce n'est pas pour une aventure, ce n'est même pas pour une vanité superficielle, c'est pour la vie, c'est pour l'indépendance de la nation que nous vous adjurons de vous dresser », je vous demande si vous ne pouvez pas faire à vos citoyens la même confiance que le monarque de Prusse fait à ses sujets ? (*Applaudissements vifs et répétés à l'extrême gauche et sur de nombreux bancs à gauche.*)

Mais non, messieurs, j'ai rappelé hier les déclarations de nos rapporteurs, de nos ministres.

Mais, si je ne me trompe, il y avait mieux, il y a mieux. En ce qui touche l'utilisation des classes de réserve les plus anciennes, en ce qui touche les formations exclusivement constituées par des réservistes, il y a eu déjà un commencement d'exécution. Si je ne me trompe — on nous l'a dit à cette tribune même, toutes les fois que j'ai posé le problème, et M. Berteaux me l'a dit ici, dans cette Chambre — il y a une brigade exclusivement formée de réservistes qui est adjointe au corps d'armée et qui doit partir dès les premiers jours avec les autres.

Messieurs, cette brigade de réserve, cette brigade exclusivement réserviste et dont l'état-major a prévu la mobilisation dès la première minute, avec nos corps d'armée, depuis que nous discutons la loi de trois ans, depuis que la loi de trois ans est à l'horizon, on n'en parle plus, elle a disparu, elle s'est évanouie! L'état-major et le Ministre de la Guerre, à la Commission de l'Armée, nous ont apporté les détails d'effectifs. Je crois bien qu'il y a été fait une fois une allusion lointaine et discrète, mais elle a passé, comme la jeune fille de Musset, en gardant son voile. (*Sourires.*)

Je ne sais pas si vous l'avouerez, si vous la proclamerez. Ne me parlez pas de secret dans votre organisation militaire, car je vous apporterai — je l'ai dans mon armoire législative — le compte rendu officiel allemand de notre organisation.

Lorsqu'il détaille l'organisation de nos corps d'armée, il mentionne la brigade de réserve des plus vieilles classes, qui est incorporée dans nos corps d'armée.

Par conséquent, ne parlez pas de secret ou n'en parlez plus, il serait trop tard.

Si cette brigade existe et si vous voulez l'employer dès les premiers jours, par où, je vous prie, se distingue-t-elle des réserves que vous pourriez également former dès la première heure? Me direz-vous que celle-là vous auriez pu l'encadrer? Alors faisons des cadres et employons à constituer les cadres de vos réserves une partie du temps, de l'argent, de la bonne volonté, du dévouement que vous allez gâcher dans votre loi de routine! (*Vifs applaudissements à l'extrême gauche et sur divers bancs à gauche.*)

Les Forteresses et la Couverture

Mais non, vous ne faites pas cela. Que faites-vous ? Qu'apportez-vous ? Sur les forteresses, rien. Pourtant j'ai cru voir que M. Lefèvre m'appuyait en cette partie de ma démonstration d'hier sur la nécessité de compléter notre régime de forteresses — si je me suis trompé, je m'en excuse.

M. André LEFÈVRE. — Vous ne vous êtes pas trompé.

M. le Rapporteur. — Nous nous appuyons là-dessus.

M. André Lefèvre. — C'est une question de proportion.

Jaurès. — Sans doute.

Nous sommes donc ici, dans tous les camps — permettez-moi cette expression militaire (*Sourires*) — partisans ou adversaires de la loi de trois ans, préoccupés de compléter sur la nouvelle frontière vulnérable, sur la frontière nord, nord-est, qui peut être menacée par le déplacement de l'offensive allemande, cette protection des forteresses qui, dans tous les cas, vous donnerait le temps de concentrer, à l'abri de ce premier rempart, la totalité de vos forces.

Messieurs, cette idée, nous l'avons soumise, nous membres de la Commission de l'Armée, au Ministère de la Guerre. Savez-vous la réponse que nous avons reçue ? Elle est courte et je peux, par suite, vous la produire textuellement sans mettre mon lorgnon à une redoutable épreuve. (*Sourires.*) Voici ce qu'on nous a répondu : « Nous ne pouvons pas et nous ne voulons pas construire ces forteresses parce qu'elles gêneraient nos facultés de manœuvre. » (*Mouvements divers.*)

Edouard Vaillant. — C'est extraordinaire !

Jaurès. — Voilà, messieurs, à la sténographie, dans

les documents officiels transmis à la Commission de l'Armée ce que vous recueillerez textuellement.

Eh bien! permettez-moi de vous parler en toute naïveté et en toute candeur.

J'imaginais jusqu'ici que la manœuvre n'était pas le but, qu'elle était le moyen, que le moyen, c'était la protection du territoire, et sacrifier la protection du territoire à la nécessité de la manœuvre, c'est sacrifier le but au moyen. (*Applaudissements à l'extrême gauche et sur divers bancs à gauche.*) De plus, j'ai toujours pensé, en lisant dans nos théoriciens militaires de France comme dans ceux de l'Allemagne, qu'aujourd'hui — et ce n'est pas seulement le général von Bernhardi, mais c'est, chez nous, M. Kullmann, ce sont nos théoriciens, nos officiers de l'École supérieure de guerre qui le disent — qu'aujourd'hui la forteresse n'est pas considérée comme un obstacle à la manœuvre, mais, au contraire, comme un appui (*Très bien! très bien! à l'extrême gauche*) aussi bien pour la manœuvre offensive que pour la manœuvre défensive.

Il ne s'agit pas d'enfermer vos armées, vos millions de combattants dans les murs des forteresses, mais d'avoir comme point d'appui contre l'adversaire, pour couvrir l'aile d'une armée qui opère, pour lui donner la sécurité, pour inquiéter l'ennemi s'il a passé à travers le réseau, le point d'appui, le moyen de manœuvre d'une forteresse; c'est, en effet, dans la manœuvre, une force de plus. Et alors, je l'avoue, messieurs, quand je me heurte dans les questions que je pose à des réponses aussi négatives, aussi sommaires et aussi peu justifiées...

Édouard VAILLANT. — Cela devient incompréhensible.

JAURÈS. — ...je me demande si le parti-pris de sauver la loi de trois ans ne fait pas abandonner les moyens les plus logiques (*Vifs applaudissements à l'extrême gauche et sur divers bancs à gauche*) de protection nationale et de concentration garantis et protégés de toutes vos forces.

Du côté des forteresses donc, c'est le néant. Et du côté de la couverture, comme protection contre l'attaque brusquée, quoi ? Vous vous proposez d'ajouter 50.000 hommes aux troupes de couverture. Ah ! si c'était vrai, messieurs; même si ce chiffre était substantiel, même s'il répondait à un accroissement réel de vos forces de couverture, quelle disproportion entre ce chiffre exigu et l'énormité du péril dont on vous a menacé! (*Applaudissements à l'extrême gauche et sur de nombreux bancs à gauche.*)

Quoi ! pendant des mois, pendant des semaines, dans tous les journaux qui ont eu la confidence des projets du Gouvernement avant le Parlement lui-même... (*Vifs applaudissements à l'extrême gauche et sur divers bancs à gauche.*)

M. FRANKLIN-BOUILLON. — Il n'y a guère eu que l'*Écho de Paris* !

JAURÈS. — ...quand il fallait préparer l'opinion — si c'est là la préparer! — quand il fallait l'égarer, la tromper, quand il fallait enlever à ce pays de France la somme de sang-froid dont il avait besoin (*Vifs applaudissements à l'extrême gauche et sur divers bancs à gauche*) pour porter sur la loi en projet un regard lucide, que disait l'*Écho de Paris,* que disait le *Temps,* que disaient les autres? C'est 400.000, 500.000, 600.000 hommes qui sont là! C'est l'avalanche de neige qui va, au premier coup de canon ébranlant la montagne, s'abattre sur le pays de France! C'est l'invasion irrésistible de 500.000, de 600.000 hommes, en deux jours, trois jours, peut-être même en vingt-quatre heures! Et nous, nous allons être brisés, débordés! Le *Temps* indiquait mystérieusement les trois passages par lesquels, à la fois, l'invasion allemande allait nous surprendre et nous briser.

Et pour faire face à cet épouvantail monstrueux que vous avez dressé devant le pays, à cette armée de surprise, de brutalité, d'irruption soudaine de cinq à six cent mille hommes, vous ajoutez cinquante mille hommes à la couverture! (*Vifs applaudissements à l'extrême gauche et sur divers bancs à gauche.*)

M. André LEFÈVRE. — C'est fantastique!

JAURÈS. — Mais, les ajoutez-vous ? Si vous groupez sur la frontière des formations nouvelles, si vous disposiez de ces 50.000 hommes de supplément pour former en effet des régiments nouveaux d'infanterie ou de cavalerie, vous pourriez dire à la rigueur que vous accroissez de 50.000 hommes vos troupes de couverture.

Mais ce n'est pas cela que vous faites, au moins pour la plus grande part. Vous employez ces 50.000 hommes dans cinq corps d'armée à renforcer les effectifs de caserne du temps de paix. Si bien qu'à l'heure de la mobilisation brusquée, ces 50.000 hommes vont remplacer dans vos régiments de couverture, c'est-à-dire dans vos régiments déjà disséminés dans la région de cinq corps d'armée, ils vont remplacer les réservistes qui allaient rejoindre.

Et la question est de savoir si vous ne pourriez pas trouver ces réservistes aussi rapidement que par l'adjonction de 50.000 hommes à vos effectifs de caserne en renonçant aux méthodes surannées et barbares de mobilisation de vos réserves que vous allez continuer grâce à la couverture de la loi de trois ans. (*Applaudissements à l'extrême gauche et sur divers bancs à gauche.*)

Vous le savez bien, vous savez bien que les réservistes de vos classes les plus anciennes, même dans les régions frontières, ne sont utilisés que dans un certain périmètre autour des places fortes et vous savez bien que les réservistes, même des classes les plus jeunes — ah! on n'a pas mis à leur portée les magasins d'habillement, d'armement qui leur permettraient, si je puis dire, de ne faire qu'un bond vers les frontières — on les envoie pour une grande part, s'armer, s'habiller en arrière, à

Epernay, à Neufchâteau. (*Applaudissements à l'extrême gauche et sur divers bancs à gauche.*)

Ah! vous m'avez flétri en me prêtant l'hypothèse de la concentration en arrière; mais vous, vous faites la mobilisation en arrière. (*Nouveaux applaudissements sur les mêmes bancs.*)

Par conséquent, même ce chiffre ridicule de 50.000 hommes est un chiffre décevant, il n'est qu'une pure apparence.

Hâtez-vous au moins, par votre loi de trois ans, pour l'ensemble du territoire, pour l'ensemble des unités, la rapidité de la mobilisation? Pas d'un jour, pas d'une heure et je n'en veux d'autre preuve que les deux arguments auxquels a été réduite l'ingéniosité, exemplaire pourtant, de M. André Lefèvre. Il vous a dit : Par la troisième année de service actif, en ayant 200.000 hommes de plus dans les casernes, nous hâtons la mobilisation. Pourquoi? Parce que si nous n'avons pas ces 200.000 hommes dans les casernes et s'ils sont, comme réservistes, dans le pays, la moitié à peu près de ces réservistes — c'est la statistique de M. André Lefèvre et je ne la conteste pas...

M. André Lefèvre. — Elle est très approximative.

Jaurès. — Je m'en rapporte à votre exactitude habituelle. (*Sourires à l'extrême gauche.*)

M. André Lefèvre. — Je m'en rapporterai à la

vôtre. Je demande la parole. (*Murmures à l'extrême gauche.*)

M. Georges BONNEFOUS. — On ne peut même plus demander la parole? C'est trop fort! (*Bruit à l'extrême gauche.*)

JAURÈS. — Est-ce que je n'accepte pas la controverse et la contradiction, mon cher collègue ?

M. Georges BONNEFOUS. — Ce n'est pas vous qui réclamez, monsieur Jaurès, mais vos amis; ils sont tellement passionnés!...

JAURÈS. — Eh bien, tâchez qu'il y ait, parmi les vôtres, la même passion d'amitié.

Je ne fais, au contraire, que remercier la Chambre tout entière de sa courtoisie, de sa bienveillance et j'ajoute de sa patience.

Je disais que M. Lefèvre prévoit que la moitié des 200.000 réservistes rejoint à pied ou à bicyclette et que l'autre moitié, soit 100.000 hommes, rejoint en chemin de fer. M. Lefèvre dit : Voilà donc, par la loi de trois ans, qu'au jour de la mobilisation nous épargnons aux chemins de fer de France la nécessité de transporter 100.000 hommes.

M. ANDRÉ LEFÈVRE. — C'est trois classes à transporter au lieu de quatre. (*Bruits à l'extrême gauche.*)

JAURÈS. — J'entends; mais vous me permettrez de vous dire...

M. André Lefèvre. — Enfin, voyons ! messieurs...

Betoulle. — Attendez, Monsieur Lefèvre, puisque vous avez demandé la parole !

M. André Lefèvre. — Je voudrais, si je monte à la tribune, avoir de votre part autant de tolérance que j'en montre moi-même. (*Très bien! très bien! au centre et à droite.*)

C'est la première fois que je me permets une interruption.

Jaurès. — Je ne m'en plains pas.

M. André Lefèvre. — Je le sais bien!

Sur divers bancs à droite. — Ce sont vos amis qui s'en plaignent, Monsieur Jaurès.

Jaurès. — Voulez-vous me faire dire que mes amis sont comme vous, qu'ils ne sont pas raisonnables du matin au soir? Je suis prêt à y souscrire. (*On rit.*)

Voilà donc la grande surcharge que le projet de trois ans va éviter à la mobilisation, 100.000 hommes de moins à transporter. Mais à transporter comment?

Il ne s'agit pas ici de les emporter sur les grandes lignes de concentration qui auront à faire face à la totalité du transport le plus local et le plus décentralisé. Il s'agit du transport de 100.000 réservistes de plus de leur domicile à la caserne, où ils vont rejoindre pour s'habiller et s'équiper.

Eh bien, messieurs, franchement, si, au fond de la

mobilisation, alors que les transports sont encore, je le répète, dispersés, disséminés sur la surface du territoire et absolument décentralisés, si nos chemins de fer ne peuvent pas suffire ce jour-là sans encombrement au transport de 100.000 réservistes de plus, quelle est notre organisation?

Et voilà bien une méthode admirable de garder toute une classe de réserve un an de plus à la caserne pour gagner une minute sur la mobilisation de cette classe! (*Vifs applaudissements à l'extrême gauche et sur divers bancs à gauche. — Protestations et bruit au centre et à droite.*)

Messieurs, vous répondrez.

M. ANDRÉ LEFÈVRE. — Soyez tranquille! je vous répondrai en effet.

Il est malheureux de consacrer tout son talent à maquiller ce que dit l'adversaire. (*Bruit à l'extrême gauche et sur divers bancs à gauche. — Très bien! très bien! au centre et sur divers bancs à gauche.*)

JAURÈS. — Si je maquille, c'est tout à fait involontairement.

M. ANDRÉ LEFÈVRE. — J'en suis tout à fait convaincu, Monsieur Jaurès.

JAURÈS. — Eh bien, mon cher collègue, permettez-moi de vous dire que votre argument ne sort pas de ma démonstration maquillé. Il a apparu, au contraire, avec sa simplicité parfaite, et c'est cette simplicité parfaite qui est peut-être pour l'argument même une cause de faiblesse. (*Applaudissements à l'extrême gauche.*)

Vous avez dit encore qu'il fallait avoir les réserves à la caserne pour qu'au jour de la mobilisation, au lieu d'avoir à habiller et à équiper seulement 1.300 réservistes, on n'en ait pas à équiper 1.700, et vous avez ajouté : Il est important qu'il n'y ait pas ce jour-là, pour les débuts, pour la première période de mobilisation, de l'encombrement et du trouble.

Comment, Messieurs? De l'encombrement, du trouble? Cette opération de la mobilisation, elle est étudiée dès le temps de paix, elle est étudiée avec un détail d'une minutie extrême; et il y a des années qu'on la prépare et qu'on l'étudie; et l'on sait, par garnison, en tenant les registres à jour, à quelle heure on ira attendre les hommes à la gare, quels sont les hommes qu'on dirigera vers la caserne, vers quelle partie de la caserne, quels sont les hommes qu'on dirigera, dans tous les cas, la caserne étant trop petite, vers d'autres centres d'habillement et d'équipement. Cela est réglé avec une minutie absolue, cela est tenu à jour pendant les loisirs que laisse la paix. Et si nos cadres, disposant de tout ce loisir de préparation des longues paix, n'ont pu organiser la réception, l'habillement et l'équipement de 1.700 réservistes sur les 3.000 hommes du régiment, sans qu'il y ait désordre, trouble, démoralisation, s'il faut abaisser à 1.300 le nombre des hommes à équiper pour qu'il y ait régularité, promptitude et ordre, messieurs, je l'avoue, je commence à être inquiet. Mais je trouve déplorable, s'il y avait — et elle n'est pas — une désorganisation de ce genre, qu'on n'ait d'autre moyen d'y remédier que d'ajouter aux charges du pays. (*Applaudissements à l'extrême gauche.*)

L'Effectif minimum

Donc, messieurs, vous n'apportez rien. Vous n'apportez même pas un complément d'éducation de vos forces à l'intérieur.

Ah! votre effectif minimum! M. Reinach, dont je regrette de nouveau l'absence, a glorifié la doctrine de l'effectif minimum comme une application de la méthode cartésienne (*Sourires à l'extrême gauche.*) M. Reinach a dit : Il ne faut pas calculer *a priori* la durée du service; il faut commencer par savoir quel est le nombre d'hommes qui est nécessaire dans chaque unité. Et, quand nous le saurons, nous ferons le total en additionnant nos unités et nous en déduirons logiquement, cartésiennement, la durée du service à imposer au pays.

Messieurs, la méthode cartésienne n'est ici que pour couvrir une opération beaucoup plus simple. M. Reinach et ses collègues ont été beaucoup moins philosophes qu'ils ne le croient. Vous imaginez-vous qu'ils ont calculé leur effectif minimum par unité, sans savoir à quel total de service de caserne cela les mènerait? Croyez-vous que, de même que Descartes, mettant en doute l'existence du monde, s'est exposé, en effet, pendant quelques minutes au péril d'avoir créé le néant universel, croyez-vous que M. Reinach et ses collègues se sont exposés au danger de trouver au bout de leurs calculs comme conclusion formidable, imprévue, mais inéluctable, le service de quatre ans, de cinq ans?

Ce n'est pas ainsi que les choses se sont passées. L'effectif minimum n'a pas été un système de philosophie; il a été un expédient de politique. (*Applaudissements à l'extrême gauche et sur divers bancs à gauche.*)

Messieurs, le premier projet gouvernemental fléchissait. On s'était aperçu que par la libération anticipée des enfants de familles nombreuses, par les congés que l'on avait introduits, d'emblée dans la loi, le ministère, qui déclarait avoir besoin de 180.000 ou 100.000 hommes, qui en avait même déjà prévu l'emploi, en avait congédié plus de 100.000, 110.000 à peu près, près de 120.000 hommes. Nous en fîmes alors le calcul irrésistible.

Le ministre avait procédé avec cette hâte patriotique qui exclut l'examen des chiffres. (*Applaudissements et rires à l'extrême gauche.*) Quand on s'en est aperçu, retirer un projet d'une pareille majesté nationale (*Sourires*) eût été imprudent. Alors on s'aperçut qu'il y avait un chef-d'œuvre de méthode à instituer et que, pour substituer au premier projet gouvernemental un projet nouveau, sans humilier la sagesse ministérielle, il convenait de prendre le problème par un autre bout.

Ce n'est pas tout, messieurs. Je ne trahirai aucun secret en disant que ceux qui, à l'origine, ont calculé les effectifs, ont pensé, quand ils ont déterminé leurs chiffres, que cela leur donnerait, sous une forme plus scientifique, plus méthodique, plus philosophique, plus cartésienne, au moins autant de libérations et de congés que le premier projet gouvernemental; mais ce serait enveloppé de tant de philosophie que la patrie n'aurait pas à en souffrir. (*Applaudissements et rires à l'extrême gauche et sur divers bancs à gauche.*)

Messieurs, voilà donc l'origine empirique de l'effectif minimum. Mais il est, en fait, d'un arbitraire absolu.

Comment justifiez-vous vos 140 hommes par compagnie? On a dit : En fait, cela ferait 125 hommes disponibles, c'est-à-dire qu'il y aurait dans l'unité mobilisée au temps de la guerre 125 soldats de caserne, 125 réservistes, et que ce mélange bien équilibré des deux éléments assurerait une proportion parfaite.

Quoi! Messieurs. Dans quel livre de chimie militaire est-il écrit qu'il faut, dans la même unité, un réserviste et un soldat de l'active? Où est inscrite la loi d'une proportion numérique aussi simple ? H^2O, un équivalent d'oxygène, deux équivalents d'hydrogène, cela fait de l'eau. (*On rit.*) Un réserviste, un soldat de caserne, cela fait un régiment parfait. Mais l'amalgame révolutionnaire, que l'on a invoqué à ce propos, avait une autre proportion chimique. Les soldats de la ligne ne formaient qu'un tiers et les volontaires formaient les deux tiers. Et même, chose curieuse, la fusion, la combinaison n'avait pas lieu par compagnie, elle avait lieu par brigades. Il y avait un bataillon exclusivement formé de soldats de ligne et deux bataillons exclusivement formés de volontaires, de soldats de la nation. Et la Révolution, dans le rapport de Dubois-Crancé, a bien marqué qu'elle ne voulait pas absorber les volontaires dans l'armée de ligne, mais absorber l'armée de ligne dans les volontaires. Elle a voulu encadrer les soldats de ligne par les volontaires et non pas encadrer les volontaires par les soldats de ligne.

Voilà donc, dans notre histoire révolutionnaire, dans notre chimie révolutionnaire de l'effort humain et de la force française, une autre proportion que celle que vous adoptez comme base chimique de votre effectif minimum.

Mais, messieurs, 140 hommes, pourquoi? L'idéal, c'est que vous puissiez, le plus souvent possible, mettre sous le commandement des officiers une unité à effectif égal à l'effectif de guerre et ce n'est pas avec vos 140 hommes, c'est en rapprochant vos réservistes et vos centres d'active et en pouvant faire sur place des convocations de vos réserves, courtes mais plus fréquentes, c'est par là que vous mettrez sous les ordres des chefs des unités à effectifs pleins. Ah! on a découvert ce chiffre de 140 hommes; mais, l'autre jour, M. de Mun disait, que l'armée idéale, pour lui, c'était l'armée constituée par la loi de recrutement de 1872 et précisée par la loi des cadres de 1875.

Mais, messieurs, quel était l'effectif des compagnies dans cette armée modèle? Il était si bas que j'ose à peine vous en donner le chiffre, et que vous ne me croiriez pas si je ne vous rappelais tout d'abord que le nombre des compagnies par bataillon était à cette époque, beaucoup plus considérable. Mais enfin, prenez le rapport admirable du général Chareton sur la loi des cadres de 1875. Prenez les budgets de l'époque. Prenez tout l'admirable débat de la loi des cadres de 1875. Vous verrez, messieurs, que l'effectif des unités d'infanterie dans cette période, qui est, pour notre éminent collègue M. de Mun, la période classique de l'organisation militaire française moderne, que le chiffre des hommes par compagnie était de 48.

48! Un chiffre ridicule pour la manœuvre, si, à cette époque-là, on n'avait pas complété l'instruction individuelle des hommes par petits pelotons et par petits groupes, par des manœuvres et des exercices par bataillon. Ainsi se trouvaient alors groupés, selon l'idée souvent exprimée par M. Treignier, et que M. Joseph Reinach a d'ailleurs reprise, ainsi se trouvaient groupés, pour l'éducation par bataillon, le nombre d'hommes nécessaires.

Vous avez donc le moyen de réaliser les manœuvres

à plein effectif sans ajouter à votre effectif permanent dans chaque unité.

Et dans la loi des cadres de 1875, dans cette loi idéale, savez-vous, messieurs, à quel chiffre est prévu le nombre des soldats par unité, par compagnie d'infanterie ? Et notez bien que la loi de 1875, mettant en œuvre la loi de 1872, prévoit qu'en temps de guerre la compagnie sera portée, comme aujourd'hui, à 250 hommes sur le pied de guerre. Eh bien, ces compagnies qui devaient mobiliser comme aujourd'hui à 250 hommes, la loi des cadres de 1875 en prévoit l'effectif à 94 hommes.

Et le commandant Saussier, celui qui a été plus tard le général Saussier, gouverneur de Paris, et qui prit d'emblée, dans les débats de 1875, une haute autorité, le général Saussier a dit : Avec ces 90 hommes... — et ils ne faisaient pas tous cinq ans ; une forte proportion de ces hommes ne faisaient qu'un an ; beaucoup même ne faisaient que six mois — ... avec ces 90 hommes, nous mènerons en toute sûreté à la bataille les 250 soldats mobilisés.

Et dans la loi de 1889, c'est à un maximum de 125 hommes, comme vœu idéal que, dans le rapport de M. Mérillon, était prévu l'effectif par unités. (*Applaudissements à l'extrême gauche.*)

Et aujourd'hui on vient découvrir comme une doctrine de chimie militaire incontestable, comme un dogme sacré d'organisation de la défense, qu'il faut 140 hommes : et quand, pour accroître de 25 hommes l'effectif des compagnies, on condamne ce pays à la routine et à la ruine, on fait l'œuvre la plus frivole, la plus arbitraire et la plus funeste. (*Applaudissements à l'extrême gauche et sur divers bancs à gauche.*)

La Direction de l'avenir :

Limiter le temps de caserne. — Faire l'éducation militaire de la masse. — Organiser les réserves.

Nous l'avons vu, il n'y a donc ni au point de vue de l'éducation de vos unités, ni au point de vue de votre couverture, ni au point de vue de la précaution contre l'attaque brusquée, ni au point de vue de la mobilisation, ni au point de vue de l'organisation générale de la défense, aucune raison précise et forte que vous puissiez donner à ce pays pour excuser le terrible emprunt que vous allez faire à ses forces vitales. (*Nouveaux applaudissements sur les mêmes bancs.*)

Et savez-vous ce qui m'a frappé au cours de ce débat? C'est que le grand péril de cette loi, c'était de détourner vers les trois ans toute la puissance d'attention et de sacrifice de la nation. (*Vifs applaudissements à l'extrême gauche et sur divers bancs à gauche.*) Et qu'à mesure qu'on parlait davantage des trois ans, on pensait moins aux œuvres nécessaires d'organisation de vos réserves, d'éducation de votre jeunesse. (*Nouveaux applaudissements sur les mêmes bancs.*)

C'est pour cela, messieurs, que nous sommes convaincus, mes amis et moi, que la direction de l'avenir, c'est une limitation progressive du temps mort de caserne et un développement correspondant de l'éducation à la fois militaire et civique de la masse des Français. (*Applaudissements à l'extrême gauche.*)

Et voilà pourquoi je vous ai proposé ce contre-projet, qui commence par une réduction à dix-huit mois, en développant simultanément et progressivement l'éducation de la jeunesse et l'organisation des réserves.

Messieurs les radicaux, veuillez y réfléchir, c'est là la direction certaine où il faudra vous engager. Regardez autour de vous. Tous les partis en France se félicitent aujourd'hui comme d'un surcroît de sécurité française de l'organisation nouvelle de l'armée belge Mes amis et moi nous regrettons vivement que la Belgique, qui aurait pu, à cause même de la densité de son peuple, faire une magnifique application du principe des milices, nous regrettons qu'elle n'ait pas cédé aux conseils de nos amis socialistes; mais enfin, cette armée que vient de constituer le parti catholique avec les plus patriotes des libéraux et des radicaux et que partout maintenant dans vos livres, dans vos revues militaires, on proclame une armée solide, capable de manœuvrer, capable de tenir en balance les premiers efforts d'une manœuvre allemande qui tenterait par la Belgique de vous déborder, c'est l'armée du service de quinze mois. (*Très bien! très bien! à l'extrême gauche.*)

Et ces jours-ci, au Reichstag, on discute sérieusement comme une thèse politique et non pas comme une thèse académique, le projet des socialistes allemands, des 110 socialistes allemands, ramenant à un an la durée du service militaire. Et prenez bien garde! il n'y a pas que la proposition socialiste: les radicaux allemands, l'aile gauche des radicaux allemands, le *Parti du peuple* allemand, dans la Commission du Reichstag, a déposé un projet ramenant le service à dix-huit mois et, en séance plénière, ils l'ont atténué et modifié en subordonnant la réalisation, d'ailleurs prochaine, du service de dix-huit mois à l'établissement préalable qu'ils veulent faire inscrire dès maintenant dans la loi, de la préparation et de l'éducation militaire de la jeunesse.

En sorte que ce que je vous apporte à cette heure, après l'échec que vous avez infligé à la conception organique milicienne que nous vous avons d'abord présentée par la parole forte de notre ami le citoyen Vaillant, ce que je vous propose, c'est la thèse, au moins pour les premières périodes, des radicaux allemands, c'est la thèse de ce qui est, là-bas, votre parti frère. (*Très bien! très bien! à l'extrême gauche.*)

Et voilà pourquoi, messieurs, je vous demande de réfléchir profondément à l'intérêt qu'il y a, dès aujourd'hui, à marquer, pour le pays, que la durée du temps de caserne n'est pas le noyau, l'essentiel de sa force défensive, qu'il faut une éducation militaire qui se continue avec la vie même de la nation, une armée qui repose non pas sur la permanence de la caserne, mais sur la permanence de la nation elle-même, constamment éduquée, constamment entraînée. Voilà le sens de la proposition que nous vous avons faite. (*Très bien! très bien à l'extrême gauche.*)

Elle s'inspire de la loi de deux ans, de son esprit véritable. Elle recueille et elle développe ce que j'ai appelé les germes d'avenir de la loi de deux ans et qu'on avait laissés stérilisés. Et c'est précisément parce que la loi de deux ans contient ces germes d'avenir, parce qu'elle est une première ébauche, puissante, quoiqu'incomplète de la nation armée, que si, aujourd'hui, vous ajournez les premiers projets d'avenir que nous vous soumettons, nous resterons au moins avec vous pour défendre la loi de deux ans. (*Vifs applaudissements à l'extrême gauche et sur divers bancs à gauche.*)

Devant le Pays

Nous la défendrons passionnément devant le suffrage universel, comme devant le Parlement, et nous tâcherons d'infliger en ce point à la réaction militaire incapable de sauvegarder la France une défaite qui prévienne tout retour offensif de ces formes du passé.

Messieurs, on sait si bien la pauvreté des raisons de fond qu'on allègue pour la loi de trois ans qu'on a essayé d'émouvoir votre imagination historique et on vous a dit que le ministre de la guerre qui était là, c'était le maréchal Niel, et qu'il fallait que vous disiez si vous vouliez faire échouer ou aboutir les projets du maréchal Niel; et il paraît que si nous ne nous inclinons pas devant les conceptions du maréchal Niel, la France va sombrer!

Quoi donc, messieurs, est-ce que par hasard la France républicaine depuis quarante-deux ans a marchandé les efforts et les sacrifices? (*Vifs applaudissements à l'extrême gauche et sur de nombreux bancs à gauche.*)

Et qu'est-ce donc que la loi du maréchal Niel qui, en face du service militaire universel de la Prusse, n'organisait que le prélèvement d'une partie du contingent et, pour le reste, se contentait, pour les gardes mobiles, de quelques jours de convocation? Qu'est-ce donc à côté de cette loi qui, pendant deux ans, façonne la totalité des citoyens, qui les rappelle ensuite et qui vous permettra, si vous avez confiance en elle, en vous, en la République, en la France, d'être à la hauteur de toutes ces éventualités ? (*Applaudissements à l'extrême gauche et sur divers bancs à gauche.*)

Ah! on est conduit bien loin par des pensées d'empire. On est conduit à la réhabilitation, on est conduit à la glorification rétrospective de l'Empire. L'Assemblée nationale, qui n'était pas composée de démagogues de gauche tout au moins (*Sourires à l'extrême gauche*), l'Assemblée nationale a proclamé que c'était sur l'Empire que portait la responsabilité du désastre. (*Vifs ap-*

plaudissements à l'extrême gauche et à gauche.) Et maintenant, sous une apparence d'impartialité et pour s'élever au-dessus de la politique, on entreprend je ne sais quelle justification indirecte et d'autant plus détestable de la politique impériale.

Oh! messieurs, la politique, on en dit beaucoup de mal dans cette Assemblée. C'est une grande mode d'en dire du mal. Mais comment donc la comprend-on ? Et qu'est-ce que c'est que la politique? La politique c'est, pour chaque parti, chaque grand parti, représentant de vastes intérêts, représentant des classes en lutte, les unes en régression, les autres en ascension — la politique, c'est le point de vue le plus haut où puisse s'élever un parti, pour concilier, à l'intérieur, l'intérêt de la classe qu'il défend et l'intérêt de la civilisation, et, dans l'ordre international, l'intérêt national et l'intérêt humain. Voilà ce que c'est que la politique. (*Applaudissements à l'extrême gauche et sur de nombreux bancs à gauche.*) De ce point de vue, aujourd'hui comme hier, nous avons le droit de refouler les diversions trop savantes et de demander des comptes à ceux qui ont perdu la patrie, parce qu'ils sont prêts à recommencer si on les laisse faire. (*Nouveaux applaudissements sur les mêmes bancs.*)

Ah! il paraît que les républicains qui, tout ensemble avec une belle logique d'idée et d'action, proposaient l'organisation de la défensive nationale et le maintien de la paix, il paraît qu'ils sont, pour leur part... — oh!

on n'en est pas encore à dire qu'il sont les seuls — responsables, mais on les admet à partager généreusement la responsabilité de l'Empire. Non! c'est l'Empire seul qui est responsable, et il l'est doublement, parce qu'ayant commencé dans le crime, il ne pouvait finir que dans les désastres. (*Vifs applaudissements à l'extrême gauche et à gauche*), parce qu'ayant eu une racine de trahison, au coup d'État, il ne pouvait avoir que des fruits de trahison à l'heure du péril. Et puis savez-vous ce qui a perdu la France par l'Empire? C'est son ambiguïté profonde. Il n'était franchement ni un parti de tradition, ni un parti de démocratie et de liberté. Il était un compromis bâtard et ignominieux, une dictature hypocrite qui n'osait pas s'avouer. Et alors, à l'heure des épreuves intérieures et extérieures, il ne pouvait faire appel ni aux forces interrompues par lui, faussées par lui, des partis de tradition, ni aux forces mâtées par lui, ignorées par lui, calomniées par lui, des partis de liberté, de mouvement, de progrès. Il se traînait dans cette équivoque misérable, sans âme, parce qu'il l'avait livrée dans les directions les plus opposées. (*Applaudissements à l'extrême gauche.*)

C'est cela, c'est le retour de cette équivoque qui nous guette. Quoi que vous fassiez, vous ne pourrez pas revenir pleinement aux armées de métier, avec cette organisation technique qui assurait du moins à une poignée d'hommes isolés je ne sais quelle existence professionnelle distincte de la nation; vous ne pourrez pas la construire fortement et la preuve c'est que, dès maintenant, vous êtes envahis par le doute, que les demandes de congés, de libération, de dispenses commencent à se glisser sournoisement, comme des serpents, dans les crevasses du rempart. (*Applaudissements à l'extrême gauche et sur divers bancs à gauche.*) Vous ne pourrez donc pas réaliser pleinement votre type, et pendant ce temps vous négligez la constitution nécessaire de l'armée vraiment populaire. Voilà le péril.

Il en est un autre que je signale discrètement avant de descendre de cette tribune, c'est que plus vos raisons de fond pour justifier la loi sont faibles, plus vous serez obligés, pour la faire accepter au pays, de hausser le ton, de noircir les couleurs, de prononcer peut-être des paroles imprudentes. Nous avons, messieurs, nous, la conviction profonde que nous travaillons à la fois pour la force de l'armée nationale, pour la puissance défensive de la patrie et pour la paix du monde, à laquelle la République française doit donner son concours. (*Double salve d'applaudissements à l'extrême gauche et sur divers bancs à gauche.*)

www.ingramcontent.com/pod-product-compliance
Lightning Source LLC
La Vergne TN
LVHW020329230826
846091LV00003B/819

* 9 7 8 2 0 1 2 8 8 9 9 1 0 *